Frederick Soddy

La función del dinero

Lo que debería ser, frente a lo que ha llegado a ser

OMNIA VERITAS®

Frederick Soddy
(1877-1956)

Químico inglés galardonado con el
Premio Nobel de Química en 1921

La función del dinero
Lo que debería ser, frente a lo que ha llegado a ser

THE ROLE OF MONEY
What it should be contrasted with what it has become

Primera edición, Londres: George Routledge & Sons Ltd, 1934

Traducido y publicado por
Omnia Veritas Ltd

ⒺMNIA VERITAS®
www.omnia-veritas.com

PRÓLOGO

Este libro intenta aclarar el misterio del dinero en su aspecto social. Con el sistema monetario del mundo entero sumido en el caos, este misterio nunca ha sido tan cuidadosamente fomentado como hoy. Y esto es tanto más curioso cuanto que no existe la menor razón para este misterio. Este libro mostrará lo que el dinero es ahora, lo que hace y lo que debería hacer. De ahí surgirá el reconocimiento de lo que siempre ha sido el verdadero papel del dinero. Se ha invertido el punto de vista desde el que se escriben la mayoría de los libros sobre el dinero moderno. En este libro el tema no se trata desde el punto de vista de los banqueros -como se denomina a los que crean con diferencia la mayor proporción de dinero- sino desde el del PÚBLICO, que en la actualidad tiene que ceder valiosos bienes y servicios a los banqueros a cambio del dinero que tan hábilmente han creado y crean. Esto, seguramente, es lo que el público realmente quiere saber sobre el dinero.

En Atenas y Esparta se reconocía, diez siglos antes del nacimiento de Cristo, que una de las prerrogativas más vitales del Estado era el derecho exclusivo a emitir dinero. Qué curioso que sólo ahora se redescubra la singularidad de esta prerrogativa. El "poder monetario" que ha sido capaz de eclipsar a un gobierno ostensiblemente responsable, no es el poder de los ultrarricos, sino nada más y nada menos que una nueva técnica diseñada para crear y destruir dinero añadiendo y retirando cifras en los libros de contabilidad de los bancos, sin la más mínima preocupación por los intereses de la comunidad o el papel real que el dinero debe desempeñar en ella.

Los estudiosos más profundos del dinero y, más recientemente, unos pocos historiadores se han dado cuenta de la enorme importancia de este poder o técnica del dinero, y de su posición clave en la configuración del curso de los acontecimientos mundiales a través de los tiempos. En este libro se expone el modo de enfocar y la filosofía del dinero a la luz de un grupo de nuevas doctrinas, a las que se da colectivamente el nombre de *ergosofía*, que contemplan la economía, la sociología y la historia con el ojo del ingeniero más que con el del humanista. Se ocupa menos de los detalles de los planes particulares de reforma monetaria que se han propugnado que de los principios generales a los que, en opinión del autor, debe ajustarse finalmente todo sistema monetario si se quiere que cumpla su función como mecanismo de distribución de la sociedad. Permitir que se convierta en una fuente de ingresos para los emisores privados es crear, en primer lugar, un brazo secreto e ilícito del gobierno y, por último, un poder rival lo suficientemente fuerte como para derrocar en última instancia todas las demás formas de gobierno.

CAPÍTULO I

EL TRASFONDO FILOSÓFICO - ERGOSOFÍA

Objetivo

Han transcurrido unos dieciséis años desde el final del gran acontecimiento que mostró, a la vista de todos, al hombre y a sus aspirantes a gobernantes y mentores impotentes ante las fuerzas que sus tecnólogos habían encadenado con seguridad, pero que la guerra había desatado. En la conciencia general existe una clara comprensión de que esta generación está siendo testigo del verdadero nacimiento de una nueva era dictada por el progreso de la ciencia física, más que deberse a aquellos que hasta ahora han sido más elocuentes en el debate o más prominentes en el intento de dirigir los asuntos. Existe una creciente exasperación por el hecho de que una época tan espléndida y llena de las más nobles promesas de una vida generosa se encuentre en manos tan mal informadas e incompetentes.

El sistema monetario, obsoleto

En todas partes está surgiendo la conciencia entre las mentes pensantes de que esta era contiene elementos no comprendidos o contenidos en las reglas de funcionamiento de los antiguos sistemas de gobierno, economía, sociología o incluso religión, y que se debe a nuevos principios que han de ser introducidos en la base y que de ninguna manera pueden ser satisfechos mediante un cambio en la superestructura de la sociedad. Aún más notable, casi increíblemente para aquellos que hasta ahora han sido voces perdidas clamando en el desierto, es el rápido y creciente volumen de acuerdo en que es el obsoleto y peligroso sistema monetario el principal culpable. Es este cuerpo de reglas y convenciones, totalmente empírico y derrotista, que ha crecido junto con la expansión científica de los medios de vida, el responsable no sólo de la parálisis actual, sino también de la propia Gran Guerra. Todos están de acuerdo en que, al menos en este aspecto, el cambio es inevitable, y la única duda que se plantea ahora es si alguna parte del sistema, que por falta de imaginación en cuanto a lo que podría haber sido, todavía puede describirse como "que funcionó bien en el pasado", puede sobrevivir en el futuro.

Por lo tanto, el presente libro no puede dejar de tener una importancia fundamental, si es que logra ocupar su lugar en la Serie del Nuevo Mundo, que es nada menos que ser una guía y una lámpara para aquellos que el destino seleccionará para ser los nuevos líderes de los grandes, aunque no necesariamente violentos, cambios que están cerca de nosotros. Cuando la guerra llamó la atención de todos sobre los graves peligros que rodean a la civilización científica, debido a la inmensidad de los poderes destructivos que la ciencia ha puesto en manos de las naciones. Pensando todavía sólo en términos de fuerza bruta, el escritor emprendió un examen original de los fundamentos físicos reales de las convenciones y medias verdades que pasan por economía, y en particular de los que subyacen al mecanismo de distribución, que es, en una civilización monetaria, el sistema monetario. Su conclusión más significativa, de la que los acontecimientos posteriores no le han dado ninguna razón para retractarse -de hecho, ahora es una verdad de Perogrullo- fue que no se puede hacer nada útil a menos que y hasta que un sistema monetario científico ocupe el lugar del que ahora siempre se está rompiendo.

El corolario, sin embargo, no es probable que sea popular, al menos entre nuestros políticos profesionales. Es que, si se hiciera tal cosa, poco más se necesitaría en cuanto a interferencia arbitraria y control gubernamental sobre las actividades esenciales de los hombres en la búsqueda de su sustento. De hecho, al igual que ahora ni uno de cada mil entiende por qué el sistema monetario existente tiene tanto poder para perjudicarle, si se corrigiera como aquí se esboza, ni uno de cada mil necesitaría saber o, de hecho, sabría, excepto por las consecuencias, ni que se había rectificado ni cómo se había rectificado. Porque el objetivo de este libro es mostrar cómo el sistema monetario puede ser reducido a uno exactamente del mismo carácter que el de nuestros pesos y medidas estándar.

El punto de vista comunitario

Será necesario profundizar en la combinación de circunstancias que hacen que estas cuestiones sean a la vez tan vitales para la salud social y económica de la comunidad y tan ajenas a las formas de pensamiento que pertenecen al individuo y le guían en sus asuntos privados. Gran parte de la dificultad se debe, por supuesto, al uso deliberado que se ha hecho hasta ahora de términos comunes en sentidos totalmente nuevos y a menudo opuestos a los que se les da normalmente, como por ejemplo *dinero en efectivo* y *crédito*. También se debe en gran medida a la concepción errónea de lo que sin duda constituye riqueza para un individuo, cuando lo que está en cuestión no es el individuo, sino la comunidad. Debido a esto, el estudio técnico del dinero requiere de manera peculiar poderes de generalización, y a menudo, de hecho, la inversión completa de las ideas que pertenecen al individuo. Desgraciadamente, estos factores han estado completamente ausentes no sólo de la llamada ciencia monetaria, sino también, y en igual medida, de los sistemas fundamentales de la economía ortodoxa a la que pertenece la ciencia monetaria.

Ahora bien, como consecuencia de los tiempos turbulentos en que vivimos, ha ido surgiendo a partir de una serie de raíces independientes y, a primera vista, bastante inconexas, un grupo de doctrinas que pueden describirse a grandes rasgos como la aplicación de los principios de las ciencias del mundo material, la física y la química, a la economía y la sociología. Tienen en común el hecho de que todas ellas se deben al pensamiento original de hombres de ciencia - principalmente ingenieros y científicos físicos- más interesados y acostumbrados a pensar en términos de realidades físicas que en los de convenciones sociales o jurídicas, y poco preocupados por los problemas y controversias de la economía individual o de clase, sino por la importancia de amplios principios generales y completamente ineludibles, en particular los principios de la energética, en lo que respecta al bienestar de comunidades enteras en la medida en que se ven afectadas por la producción y distribución de la riqueza.

Importancia social de la energía

En opinión del autor, al menos, este nuevo desarrollo promete ser de una importancia mucho más definitiva y permanente para la ciencia del bienestar humano que la anterior incursión de la biología en el siglo pasado, que condujo a la doctrina de la evolución. Esto se debe a que impone un marco rígido de leyes físicas fundamentales, que se aplican tanto a los hombres como a las máquinas, y en el que realmente no hay nada controvertido. La crítica más común a este modo de enfocar las cuestiones sociológicas habría sido que los hombres no son máquinas y que en economía, como en su subdivisión, el dinero, los factores y consideraciones psicológicos tienen al menos la misma importancia, si no mayor, que los factores puramente físicos.

Pero ese argumento, a menos que postule francamente una creencia en los milagros físicos -en el poder de la mente humana para hacer, si así lo desea, 2 2 + = 5 -, sea lo que sea lo que haya sido alguna vez, está ahora en gran medida desfasado por la extensión de las ciencias exactas a estos campos. No existe, nunca ha existido y quizás nunca existirá ningún tipo de igualdad en importancia entre lo físico y lo psicológico. En la esfera de la distribución, por ejemplo, o del dinero como mecanismo de distribución, todo lo que puede hacer la psicología -y lo mismo puede decirse de la "banca" en que se ha convertido- es robar a Pedro para pagar a Pablo.

Teoría energética de la riqueza

Una de las principales aportaciones de estas doctrinas es una consistente teoría energética de la riqueza y la tajante distinción que resulta entre la riqueza y la propiedad de una deuda. Esto revela mucho que es incontrovertible en lo que respecta a la amenaza de colapso de la civilización científica moderna, por llamarla de algún modo, aunque se la suele llamar erróneamente civilización capitalista. Es cierto que el "Capital", en su sentido propiamente físico, es su rasgo superficial más distintivo. Pero en ese sentido el Capital es el producto no consumible del consumo o gasto irrevocable de riqueza necesario para preparar y hacer posibles los nuevos métodos de producción. Debido a los métodos modernos de producción de energía, se necesita mucho más que con los métodos antiguos. Además, puede ser intercambiable por nueva riqueza, pero no es intercambiable por ella. Desde el punto de vista de la comunidad el capital aparece como deuda y no como riqueza.

La economía ortodoxa nunca ha sido otra cosa que la economía de clase de los propietarios de deudas. Si sus escritores intentaron alguna vez alguna aplicación social más amplia, se pusieron simplemente en ridículo, como cuando uno esperaba solemnemente que el milenio llegara a través de la acumulación de tanto capital que todo el mundo estaría bien y cómodo, presumiblemente viviendo de los intereses de sus deudas mutuas. Mientras que en la esfera del comercio internacional, hasta mucho después de la guerra, el dictado de que una balanza comercial favorable continuada era esencial para la existencia de las naciones fuertes implicaba la continuación de balanzas desfavorables para las débiles. Se afirmaba que este país estaba amenazado de desastre a menos que se las ingeniara para mantener la tasa anterior de inversiones extranjeras, devolviendo al extranjero todo lo que recibía en concepto de intereses y fondos de amortización con respecto a inversiones pasadas, y si era posible más que eso. Estos son buenos ejemplos de la visión endeudada de la riqueza y de la sustitución de la realidad física por convenciones sociales y jurídicas.

Ergosofía

Es conveniente dar un nombre al grupo de doctrinas interconectadas pero más o menos independientes comprendidas bajo términos tales como Cartesiana, Física o Nueva Economía, Energética Social, la Era de la Abundancia y Tecnocracia, incluyendo las implicaciones de estas doctrinas, en lo que respecta a los problemas de distribución y la nueva filosofía del dinero, de los que este libro se ocupa más particularmente. Para ello se empleará una nueva palabra: Ergosofía. Significa la sabiduría del trabajo, energía o poder, en el sentido puramente físico. Las actividades mentales o intelectuales, a las que estos tres términos se aplican a menudo de forma imprecisa, se denominan más bien esfuerzo, diligencia o atención.

Hay muchas razones que hacen deseable una nueva palabra o término. Hasta ahora no ha habido una verdadera filosofía social que surja totalmente de las leyes universalmente obedecidas del mundo físico. Por otra parte, desde los tiempos más remotos, la tecnología ha sido demasiado propensa a ser considerada meramente como una especie de esclava o sirviente servil de filosofías y religiones humanas verbosas, pretenciosas e impresionistas. De hecho, no sería una caricatura de la civilización, tal y como ha evolucionado hasta ahora, describirla como un intento de compensar la injusticia de atribuir a Dios las cosas que son de la Ciencia rindiendo al César las cosas que son de Dios. La tecnocracia, al menos en una de sus fuentes de inspiración, la sugerencia de Thorstein Veblen para el establecimiento de un Soviet de técnicos para asumir el control del mundo, es probablemente uno de los primeros albores colectivos de esta malversación. Mientras haya gente sencilla que muestre una patética aquiescencia en la piedad que da las gracias por todas las cosas buenas de la vida y las atribuye a la generosidad de la Providencia, junto con cualquier cosa menos gente sencilla que descrea totalmente de cualquier cosa por el estilo pero que, sin embargo, siga creyendo implícitamente en la práctica de métodos mucho más contundentes para obtenerlas, la civilización seguirá siendo un coto de caza feliz para los depredadores y adquisitivos y un desierto para los originales y creativos. La nueva filosofía, al reclamar para la ciencia mecánica la posición que le corresponde como igual en la trinidad de la sabiduría, debería facilitar el dar al César lo que es del César y a Dios lo que es de Dios.

Riqueza y calorías

En primer lugar, la ergosofía rehabilita con un significado preciso esa palabra anticuada e indispensable de *Riqueza*, que el economista ortodoxo, conociendo aún menos la supuesta materia de sus estudios que los fundadores originales del tema, los fisiócratas franceses, daba demasiado por sentada. Para él, la riqueza se originaba de algún modo en la divinidad, por lo que llegó a considerar que la adquisición de riqueza equivalía a su creación. Se obsesionó con el comercio y el intercambio mercantil, descuidando los principios técnicos subyacentes a toda nueva producción de riqueza. Hasta el día de hoy, estamos atrapados en un sistema mercantil que desperdicia en la distribución la mayor parte de las ventajas obtenidas al aligerar el trabajo de producción de riqueza. Envuelto en un cúmulo de incoherencias evidentes, parecía resentirse del uso del término riqueza por parte de quienes no conocían sus sofisticaciones. Incluso los ortodoxos son hoy muy parcos en el uso de la palabra. La discusión que se ha producido últimamente en los periódicos sobre los ingresos necesarios para comprar, entre otras cosas, alimentos suficientes para mantener a una familia con salud y trabajo, tiene un significado que tal vez se haya pasado por alto. Toda la cuestión se centraba en el número de calorías de energía contenidas en los propios alimentos, lo que debía probarse, si era necesario, quemándolos en un calorímetro. Esto es economía, aunque todavía no se reconozca como tal.

El marxismo, obsoleto

No hay que olvidar nunca que la economía victoriana era esencialmente una economía de clase, en la que sólo gradual y tardíamente se consideraba a los productores reales de riqueza como algo distinto de los empresarios y propietarios. Pero las cosas están peor y no mejor entre las doctrinas aceptadas por los movimientos de izquierda y revolucionarios. Con un reconocimiento más claro de las implicaciones sociales de la energía, nuestras controversias políticas aparecen principalmente como debidas a confusiones económicas. En una época en la que los hombres se ven cada vez más desplazados de su función de trabajadores físicos por fuentes de energía puramente inanimadas, y corren el peligro de quedar en gran medida excluidos del ciclo de producción y distribución por mecanismos automáticos, sería increíble, si no fuera cierto, que una parte tan grande del mundo se viera tergiversada como dominada por las doctrinas de Karl Marx en cuanto a que la riqueza se origina en el trabajo humano . Todo artesano debe saber que esto no es cierto. Los puntos de vista de Marx sobre el dinero eran incluso más anticuados, relativamente a su época, que sus puntos de vista sobre la riqueza, y fue significativo en las pruebas ante el Comité Macmillan que los marxistas parecen haber sido los últimos en abandonar su creencia primitiva en el oro como medio monetario y en el patrón oro.

Relaciones entre pueblos y gobiernos

Si, como parece estar ocurriendo, estas ideas obsoletas y los doctrinarios que las explotan están perdiendo rápidamente su dominio sobre el público, y si un número cada vez mayor de personas de todos los matices de opinión política están despertando a las revoluciones más fundamentales que el progreso de la ciencia hace ineludibles, es posible anticipar para éste y otros países aún no alcanzados por la revolución un curso muy diferente y más razonable, aunque más prosaico, de los acontecimientos . Porque no es ningún progreso, habiendo absuelto a la Deidad de la función de proveedor universal, establecer el Gobierno en Su lugar. Veblen se acercó mucho más a la realidad al sustituir al tecnólogo. En los asuntos económicos de la nación, al menos, no parecería nada malo que se siguieran las reglas prácticas ordinarias de los negocios, fomentándose el éxito y la honestidad mediante el ascenso, y la incompetencia y la corrupción conllevando el despido, como ocurre con cualquier otro funcionario remunerado.

Interpretación física del historial

La historia tampoco parece poder escapar de la misma acusación que la economía. Si, en otras revoluciones, no estudiamos las acciones y los motivos proclamados a bombo y platillo de las partes contendientes, sino más bien los frutos permanentes y duraderos de la lucha, parece haber poca o ninguna semejanza. Se puede acusar a los historiadores de registrar más bien lo que debería haber sucedido según sus preconcepciones filosóficas unilaterales, que lo que realmente sucedió. En realidad, las sucesivas facciones políticas parecen haberse ido anulando mutuamente hasta que, por un proceso de eliminación, los nuevos factores del mundo que permitían y, de hecho, imponían un modo de vida más satisfactorio e inteligente, tuvieron más libertad de acción. Entonces, y sólo entonces, el fermento se calmó.

Esta es, al menos, la interpretación de la historia que hace Sydney A. Reeve, un ingeniero norteamericano que lleva treinta años dedicándose al estudio de las grandes guerras y revoluciones históricas del pasado, desde el punto de vista de la Energética Social. Su conclusión de que estas terribles y devastadoras explosiones podrían haberse evitado, y pueden evitarse en el futuro, es, obviamente, de primera importancia en el estado actual del mundo. Las aspiraciones humanas al progreso pueden darse por sentadas. Incluso en eclipse total no están muertas, sino sólo latentes. Pero que puedan llegar a realizarse en lugar de ser meras revueltas pasivas o activas, condenadas de antemano a la inutilidad, es en definitiva una cuestión de recursos físicos más que de actitudes psíquicas de los hombres. Sin abundancia, tanto más indispensable por la destrucción que conllevan estos estallidos, los esfuerzos más valerosos y heroicos son vanos.

La verdad sobre el "materialismo

Esto puede sonar a materialismo sórdido y sin alivio, y puede tener un timbre ominoso en los oídos de muchos. Sin embargo, nada, salvo la ignorancia o algo peor, podría hacerlo parecer así. Es mejor escuchar a los que han hecho florecer el desierto como la rosa que a los que han hecho de los campos hermosos un limo de barro y sangre; a los que han recogido de las estrellas la cornucopia que amamantó a Júpiter en vez de a los que la vacían en los ríos y en el fuego por miedo a la superabundancia; a los que dejarían entrar la luz y el aire en las madrigueras y combatirían la enfermedad social con comida y calor en lugar de con drogas y dádivas; a los que esperan soltar en la vida la creciente marea de la riqueza en lugar de verla reventar sus diques y saltar de nuevo a la obra de la destrucción y la muerte. Más bien, ¿no es terrible que hombres que pueden hacer todas estas cosas sean considerados meros asalariados de los mal llamados humanistas e idealistas, y que se suponga que no les preocupa si se les contrata para crear o para destruir? Incluso las mulas de los Estados Unidos, leemos, cuando los gorgojos de la cápsula, importados especialmente para este fin, no lograron destruir la cosecha de algodón para evitar la "sobreproducción", se negaron a volver a pisar la tierra de las plantas en crecimiento. Mientras que los hombres, con amplios recursos a su disposición para construir una civilización de una magnificencia y liberalidad que el mundo nunca ha conocido, están ahora en su ingenio para inventar nuevas formas de destrucción y despilfarro para que esta nueva civilización no desplace a la antigua.

El origen físico del "progreso"

Algunos pueden ver en la ergosofía nada más que determinismo económico llevado al extremo. Es cierto que las calorías son el rey en el sentido de que nada puede suceder sin un gasto suficiente de ellas, una condición en la que los humanistas normalmente encuentran conveniente no detenerse. Pero este tipo de determinismo la nueva doctrina lo deduce de leyes que no surgen de la vida en absoluto, aunque toda la vida las obedece. Que esto no es - o al menos no era- meramente trillado y evidente se desprende claramente de las opiniones de Marx, a quien se atribuye en gran medida la doctrina del determinismo económico, en cuanto al origen de la riqueza. Si en su definición de riqueza hubiera omitido la palabra "humano" y hubiera dicho que la riqueza se había originado en el trabajo, en el sentido en que el físico utiliza la palabra para el trabajo o la energía, se habría anticipado a las opiniones modernas. En cambio, se refirió al fundador original de ésta, quizá la mayor de todas las generalizaciones científicas, como "un patán americano, el yanqui baronizado, Benjamin Thompson, *alias* Conde Rumford".

Pero aunque ahora esto sea poco más que una perogrullada, hay algo mucho más positivo en estas doctrinas que la mera exclusión o subordinación de los factores humanos y religiosos del arbitrio último del destino de las comunidades. En lo que respecta al individuo, existe un perfecto libre albedrío para utilizar o no las oportunidades que ofrecen la invención y el descubrimiento con el fin de aligerar el trabajo y multiplicar las recompensas de la subsistencia. Pero este libre albedrío de ninguna manera se extiende a su capacidad de impedir permanentemente que otros lo hagan. La teoría de Reeve sobre las guerras y las revoluciones es que surgen precisamente de este intento, que en última instancia siempre es infructuoso y desastroso. Cualquiera que sea el calificativo que se dé a este nuevo punto de vista, implica claramente que el progreso humano está predestinado desde abajo, aunque no se inicie desde arriba. En el mejor de los casos, los hombres pueden ser conducidos a modos de vida más elevados, pero en el peor son impulsados desde atrás. Pero deja, como fuera de su competencia, la forma y la naturaleza reales del progreso humano a los otros miembros de la trinidad, el contenido biológico y psíquico de la época que pueda existir en ese momento.

La doctrina de la lucha

Por desagradable y demoledor que esto pueda parecer para muchas ilusiones acariciadas, es, sin embargo, la clave que mejor se ajusta a nuestra época, y nadie lo sabe mejor que quienes han tratado de difundir el nuevo evangelio. Como bien dijo recientemente un escritor australiano, hay muchos que se aferran (para otros, no para sí mismos) a la pobreza, la inseguridad, el trabajo duro, la vida escasa, las guerras, el hambre y la enfermedad, como bendiciones disfrazadas, necesarias para azuzar y someter a este perezoso y revoltoso animal, el hombre, y para protegerlo de la blandura y la decadencia. Esta es la doctrina de la existencia por la lucha, más que de la lucha por la existencia, y es probablemente la doctrina más antigua del mundo. Apesta a Oriente, no a Occidente. Si se considera como "necesidad biológica", el imperativo físico es aún más categórico. Pues en la lucha el hombre ya no puede existir, sólo puede destruirse y ser destruido. Seguramente es una biología bastante burda, viendo que desde sus inicios la vida no ha hecho otra cosa que esquivar los imperativos físicos, suponer que el hombre deba en esta época de su evolución invertir repentinamente sus instintos y, por necesidad, golpearse el cerebro contra ellos. En realidad, estas ideas tienen, como el escritor australiano tuvo cuidado de señalar, sólo una aplicación vicaria, y la necesidad biológica de la muerte para el individuo sigue siendo el mayor seguro para la supervivencia de la especie. El problema es, más bien, educativo: que la raza aprenda a protegerse eficazmente contra aquellos que, aprendidos principalmente en la historia de las épocas pasadas del arco y la flecha, utilizarían las armas titánicas de la ciencia para la aniquilación de la raza.

Los hombres, es cierto, en esas épocas pueden haber sido incitados por el hambre a robar y hurtar con éxito a sus vecinos, pero, en este poderío, el progreso se ha debido a la conquista de la naturaleza y a la superación de los hombres. Cualquiera que sea el efecto genético final de la Gran Guerra, se admite generalmente que la Revolución Francesa y las Guerras Napoleónicas han reducido perceptiblemente el físico medio de la nación francesa, y que ahora las guerras, puesto que el coraje y el valor superiores son mucho más propensos a conducir a la rápida aniquilación personal que a la supervivencia final, son definitiva y necesariamente disgénicas. Mientras que en el lado positivo, donde el coraje y la resistencia son esenciales para la supervivencia, en la exploración de la tierra, el mar y el cielo, y en probar y domesticar nuevos procesos y aparatos aún imperfectamente entendidos para el uso de los hombres, la ciencia ha proporcionado y está proporcionando tanto oportunidades como necesidades inevitables para afrontar y superar peligros que habrían ruborizado la mejilla de los héroes legendarios de antaño. La culpa, si la hay, es más bien de nuestros poetas por no inmortalizar adecuadamente tales logros, pero en ese campo nadie duda de la inmensa superioridad de los antiguos sobre nosotros, que en tantos otros aspectos tenemos muy poco que aprender de ellos.

Guerras modernas y deudas nacionales

De hecho, una vez más, ¿son las guerras ahora meramente por el sustento? ¿No se hacen para asegurar mercados donde disponer de la riqueza excedente que surge de la producción científica que opera junto con la vieja ley práctica de los salarios? (Por "ley práctica de los salarios" se entiende el sistema que garantiza al trabajador lo suficiente para mantenerlo en condiciones mentales y físicas que le permitan desempeñar eficazmente su oficio, arte o afición. Se trata, por supuesto, de *una* herencia directa de la era de la escasez). Para decirlo sin rodeos, el propósito de las guerras es obligar a las naciones más débiles a tomar este excedente de las manos de las más fuertes, endeudándose, si es necesario, para pagar por ello. Luego, la amenaza de más guerras es necesaria para garantizar que las deudas y los intereses de las mismas no sean repudiados.

Las verdaderas luchas

La lucha por la existencia se revela ahora como una lucha fundamental por la energía física, y la conquista de la naturaleza ha puesto a disposición suministros que superan con creces lo que puede extraerse de los cuerpos involuntarios del ganado de tiro y de los esclavos. Lo esencial para la vida humana no es la lucha, sino la energía. La doctrina de la existencia por la lucha, por otra parte, es la religión más antigua del mundo.

Nunca ha sido otra cosa que una religión de ambiciosos, dominadores y sin escrúpulos, con una arrogación de superioridad de raza o casta sobre las razas de fuera o el rebaño de dentro, una asunción de licencia para actuar traicionera e injuriosamente con los extranjeros y los que considera de raza inferior y para confinar sus normas de honor y decencia a los de su propia sangre u orden. Es un código al que el cristianismo se ha resistido activa y pasivamente durante dos mil años. Este hecho no carece de importancia. Pues entre el progreso que ha culminado en la ergosofía y la religión cristiana existe una íntima conexión. En efecto, la primera es, en su origen, totalmente producto de las naciones cristianas de Occidente.

El tabú de la economía científica

Después de la guerra, se hizo un llamamiento a los hombres de ciencia para que cooperaran con las autoridades financieras, industriales y políticas en la solución de los males sociales que provocaron la guerra y que desde entonces han hecho de la Paz nada más que un nombre inapropiado. Pero las extrañas y poco convencionales conclusiones de los pocos que habían aportado a los problemas sociales el mismo pensamiento inquisitivo y original que estaban acostumbrados a aplicar en sus propias investigaciones, asustaron, no al público, sino a aquellos cuyo interés en tales problemas es mantenerlos reconciliados con las cosas tal como son. Aquellos que persistieron en arrojar luz sobre los males y anomalías sociales fueron considerados impíos, y las conclusiones tabuadas. Pero es una mera insensatez suponer que en estos días pueda suprimirse cualquier generalización que aclare las grandes cuestiones existentes. Ahora que hay indicios de que la escuela de la Edad de la Abundancia de los reformadores monetarios está ganando, y que la conspiración de silencio por parte de la prensa "respetable" ha fracasado, podemos evaluar el coste. Se han desperdiciado quince años de oportunidades de oro, que se han dedicado a exacerbar la enfermedad. Las políticas, que ahora todo el mundo sabe que eran exactamente las contrarias a las que exigían los hechos, como economizar, o producir más y consumir menos, han llegado por sí solas a sus inevitables resultados. Se espera que el público crea que las desgracias que nos acosan son actos de Dios y que, aunque tenemos la ciencia y el equipo y la organización necesarios para producir riqueza en abundancia, está más allá del ingenio del hombre aprender cómo distribuirla. El problema, es cierto, es nuevo, y su planteamiento está oscurecido, a menudo intencionadamente, por un cúmulo de medias verdades y de verdades de antaño. Pero su solución no se ha hecho más cercana o más clara por el pueril esfuerzo de la era de la posguerra para suprimir la libre discusión pública de las nuevas doctrinas, una cuestión que se luchó y ganó en la ciencia física en tiempos de Galileo.

Las guerras y las revoluciones son consecuencia de la riqueza

Sin duda, el lector podrá encontrar por sí mismo muchas confirmaciones sorprendentes de la teoría de que las guerras y las revoluciones no son el resultado de la pobreza y la miseria, sino del crecimiento de la riqueza y del vano intento de resistirse a su distribución. Sin embargo, cabe citar aquí dos sorprendentes que se le ocurren al autor. La primera se refiere a las causas inmediatas e incidentales que precipitaron la primera Revolución de Kerensky en Rusia. Los rusos inteligentes e imparciales de la época nos dijeron que no fueron ni el hambre y la pobreza ni los horrores de la derrota en la guerra, sino dos muestras de incompetencia oficial tan groseras que ultrajaron los sentimientos más profundos de Rusia. La primera fue el reclutamiento masivo de los campesinos mucho antes de que hubiera armas o barracones para una pequeña fracción de ellos, por lo que una gran proporción murió a causa de las pestilentes condiciones engendradas. Incluso desde un punto de vista puramente militar, habría sido mucho mejor dejarlos trabajar en sus campos. La otra fue la pérdida de prácticamente toda la cosecha de una temporada de uno de los principales distritos cerealeros del sur de Rusia durante el traslado de las barcazas a la cabeza del ferrocarril, al ser vertida en un lugar universalmente conocido por ser propenso a repentinas inundaciones otoñales.

Olive Schreiner, en la introducción a su libro *Woman and Labour (La mujer y el trabajo)*, cuenta cómo llegó a considerar casi axiomático que "las mujeres de ninguna raza o clase se rebelarán jamás o intentarán llevar a cabo un ajuste revolucionario de su relación con su sociedad, por muy intenso que sea su sufrimiento y por muy clara que sea su percepción del mismo, mientras el bienestar y la persistencia de su sociedad requieran su sumisión".

El aguijón del progreso humano no es el sufrimiento, sino el sufrimiento y la miseria *innecesarios*. Precediendo a este último está el progreso material en las invenciones y artes que dan a los hombres poder sobre su entorno, y feliz en verdad es la época en la que precede también, y siguiendo el ritmo de la expansión de la riqueza, el progreso en la esfera moral y espiritual. Porque entonces no hay revolución, sino renacimiento. Así pues, en nuestros días no es el agitador que fomenta el odio de clases el que puede iniciar una revolución, ni los aviadores que lanzan bombas el que puede detenerla. Pero vaciar leche en el Potomac; importar plagas para destruir la cosecha de algodón; quemar trigo y café como combustible; restringir la producción de caucho; establecer barreras arancelarias; permitir trusts, federaciones, cárteles y cierres patronales; permitir que los sindicatos desarrollen métodos astutos para reducir la producción; mantener en la miseria, la inseguridad y la ociosidad a masas de desempleados a los que no se permite mejorar su suerte fabricando las mismas cosas que necesitan; y la revolución en alguna de sus formas no es probable, sino segura. Las ideas que gobiernan a los hombres son ultrajadas. En lugar de unos pocos ejemplos sorprendentes de incompetencia o algo peor, empiezan a ver el caos universal en lugar del orden. Sus instituciones, lejos de protegerlos en sus pacíficas actividades, de las que dependen para su subsistencia, parecen unirse para mantenerlos en una servidumbre tradicional e innecesaria y en la dependencia de . El ejército empieza a darse cuenta de que está al mando del enemigo.

El sistema monetario impide el flujo

Tampoco servirá ningún medio para terminar o derrotar tal revolución, ya sea repentina o prolongada, violenta o crónica, a menos que y hasta que las barreras que se oponen a la libre y plena distribución de la riqueza desde el productor hasta el usuario y consumidor final sean derribadas y el flujo de riqueza vuelva a cumplir el propósito por el que los hombres se han esforzado en crearlo. Puesto que, en todas las civilizaciones monetarias, es el dinero el único que puede efectuar el intercambio de riqueza y el flujo continuo de bienes y servicios a través de la nación, el dinero se ha convertido en la sangre vital de la comunidad y, para cada individuo, en una verdadera licencia para vivir. El sistema monetario es el mecanismo de distribución, y esta lectura de la historia respalda hasta la médula las conclusiones de quienes han estudiado especialmente en qué se ha convertido nuestro sistema monetario. Es la fuente primaria e infinitamente más importante de todo nuestro malestar social e internacional actual y del fracaso, hasta ahora, de la democracia.

Un conocimiento muy leve de nuestro sistema monetario actual deja muy claro que, sin que la democracia lo sepa o lo permita, y sin que el asunto haya estado nunca ante el electorado ni siquiera como una cuestión política secundaria o menor, el poder de emitir dinero ha sido arrebatado de las manos nacionales y usurpado como requisito previo por el prestamista. Prácticamente todos los reformadores monetarios genuinos son unánimes en que la única esperanza de seguridad y paz reside en que la nación reasuma instantáneamente su prerrogativa sobre la emisión de todas las formas de dinero, a la que, legalmente, nunca ha renunciado en absoluto.

CAPÍTULO II

TEORÍA DEL DINERO - RIQUEZA VIRTUAL

¿QUÉ ES EL DINERO?

Comencemos nuestro "estudio" con una definición exhaustiva de lo que es el dinero moderno.

El dinero ahora es la NADA *que se obtiene por* ALGO *antes de poder obtener* NADA.

Nuestra tarea consiste en comprender todo lo que esto implica. La definición es, por supuesto, una definición económica que se refiere a transacciones ordinarias como ganar, comprar y vender entre personas corrientes -no se contemplan los tíos generosos y otros benefactores voluntarios- y la *nada, algo* y *cualquier cosa* de la definición se refieren a cosas de valor real en sí mismas, normalmente denominadas bienes y servicios, o simplemente riqueza, a menos que se trate de sutilezas o distinciones puramente técnicas que giran en torno a la definición precisa de riqueza. Además, se refiere a la gente corriente, en el sentido de aquellos que no tienen la oportunidad ni el poder de emitir dinero por sí mismos.

De hecho, esta definición no sólo responde de forma exhaustiva a lo que el dinero es ahora, sino que responde de forma perfectamente satisfactoria a todo lo que el dinero ha sido siempre, independientemente de que haya sido moneda o papel o cualquier otra forma. Desde el punto de vista de su propietario o poseedor, el dinero es el crédito que ha establecido a su favor con la comunidad en la que circula o es de "curso legal", al haber *renunciado* en el pasado a bienes y servicios valiosos a cambio de nada, para obtener a su conveniencia, en el futuro, un valor equivalente a su vez a cambio de nada. No es más que un ingenioso mecanismo para asegurar el pago por adelantado, y en una civilización monetaria los propietarios del dinero son aquellos que han pagado por adelantado valores de mercado definidos de bienes y servicios comprables, sin haberlos recibido todavía.

Todo esto no tiene nada de misterioso. Lo que se ha llamado "el misterio moral del crédito", es decir, el crédito-dinero, podría llamarse también el misterio inmoral de la deuda. Porque no hay crédito sin deuda, como no hay altura sin profundidad. Oriente sin Occidente, o calor sin frío. Los dos están relacionados, y aunque sólo se necesita uno para poseer riqueza, se necesitan dos para poseer una deuda, porque por cada propietario hay un deudor. El dinero, por supuesto, es una forma totalmente peculiar de la relación crédito-deuda, aunque sólo sea porque mientras que todas las demás formas son totalmente opcionales, siendo el acreedor en todo caso un agente libre para entrar o no en esta relación, el dinero es una relación crédito-deuda de la que nadie puede escapar efectivamente.

Entendamos bien los signos desde el principio. *El propietario del dinero es el acreedor* y el emisor del mismo es el deudor, ya que el propietario del dinero cede bienes y servicios al emisor. En un sistema monetario honesto, el emisor de dinero que obtiene a cambio de nada bienes y servicios lo haría en fideicomiso en beneficio de la comunidad. En un sistema monetario fraudulento, lo hace en beneficio propio. Es indiferente que el emisor entregue el dinero y lo ponga en circulación él mismo o que lo preste a interés para que otros lo entreguen por él. En todos los casos, lo que consigue gastar o prestar lo cede a otra persona. *Ex nihilo nihil* fit. Nada viene de la nada o, en fraseología moderna, la materia y la energía se conservan.

Trueque y monedas de trueque

La invención del dinero marca un claro paso adelante en la civilización. En el trueque, el propietario de un bien lo cede a otro a cambio de otro de valor equivalente. El dinero pudo reemplazar al trueque no porque permitiera a la gente obtener la propiedad de otras personas sin renunciar a nada, sino porque ya habían renunciado a ella en una transacción anterior e independiente. Todos los matices por los que ha pasado el dinero a lo largo de su evolución, desde el trueque hasta el crédito puro (o deuda), no se refieren a lo que inicialmente se entrega por él, que es lo esencial en todas sus formas. Se refieren simplemente a lo que se recibe a cambio. Esto puede variar desde el valor total en forma de moneda de oro hasta un recibo de papel sin valor intrínseco, y hoy en día ni siquiera eso. Por una serie de razones alegadas en , como la necesidad de que el dinero circule libremente, que ahora no necesitamos tomar muy en serio, se ha considerado necesario, al menos en ciertas etapas de la evolución del dinero, devolver al que da algo el valor equivalente completo en oro u otro metal precioso. Si este equivalente fuera en forma de un cierto peso de polvo de oro, o de cualquier otra mercancía intercambiable igualmente conveniente, estaríamos simplemente ante un caso de trueque puro y simple, salvo por la distinción de que, con toda probabilidad, el receptor del metal no solía utilizarlo él mismo y lo aceptaba simplemente como una forma de pago temporal o intermedia reconocida. Pero cuando surgió la práctica de acuñar moneda, y se emitieron monedas de peso y finura definidos, estampadas con algún diseño, como la cabeza del rey, indicativo de la autoridad bajo la cual se legalizaban como dinero, no sólo se dio un gran paso adelante, como, por ejemplo, en la conveniencia de contar sin necesidad de utilizar balanzas, sino que definitivamente el material del que estaba hecha la moneda se volvió inútil para el propietario, siempre y cuando la moneda no se fundiera. Dentro de esta limitación, es decir, mientras la moneda permanezca intacta, este tipo de dinero, al igual que el moderno dinero de crédito o de deuda, implicaba la entrega de algo realmente a cambio de nada, a menos que el placer de un avaro al regodearse en su tesoro se considere un valor económico. Además, era habitual que tipificara como delito de traición tanto desfigurar la efigie del gobernante o interferir de cualquier otro modo en la integridad de una moneda como emitir una imitación falsa. Aunque esto pudo haber tenido la intención de evitar el recorte, la sudoración y similares, dio fuerza de ley a lo que aquí se considera el criterio esencial común de todo dinero, la renuncia voluntaria de algo de uso o valor para el propietario *sin* ningún retorno equivalente.

Papel moneda

En el caso de un billete de papel, sigue siendo exactamente lo que era cuando se originó, un recibo impreso de algo entregado a cambio de nada. En el caso de los billetes británicos originales, era a la vez el recibo del banco emisor por el equivalente en oro, entregado voluntariamente por el propietario en préstamo o para su custodia, y su promesa de devolverlo a la vista. De ahí el origen de la leyenda *Promise to Pay* en nuestros billetes actuales. En su uso como dinero, la moneda de oro y el billete de papel están a la par, con la única diferencia de que el segundo no tiene otra función posible, mientras que el primero, al ser destruido como dinero por , puede volver a su uso efectivo como mercancía. Aquí nos acercamos a dos consideraciones diferentes que a menudo se confunden: una, qué es lo que da al dinero un valor de cambio definido, y la otra, cómo se puede evitar que cambie ese valor de cambio y cómo se puede salvaguardar al propietario de la pérdida en caso de que se deprecie su valor.

Una moneda de oro o plata de pleno valor está protegida frente a la devaluación porque puede fundirse, legalmente o no, y los lingotes canjearse por un valor equivalente al entregado por el dinero en primer lugar. Mientras que cualquier papel moneda "sin respaldo" es esencialmente un mero recibo o I.O.U. y, si se devalúa en valor de cambio, el propietario no tiene ninguna compensación. Ha sido habitual para los intereses monetarios profesionales denigrar persistentemente el papel moneda, mantener vivo el recuerdo de cada mal uso de la imprenta (que después de todo da un recibo tangible al propietario por lo que ha renunciado), y predicar las virtudes del oro mientras practicaban ellos mismos una alquimia que ni siquiera requería la imprenta. Pero para un juez imparcial nada podría ser tan malo como el sistema que creó y floreció después de que se hizo físicamente imposible aumentar el suministro de oro con la rapidez suficiente para seguir el ritmo de la expansión de la industria, de modo que hubo que encontrar un sustituto como dinero.

"Banco-Crédito"

La ruinosa caída continua del nivel de precios, tan familiar hoy en día, se deriva de la manera normal de los controles impuestos a la expansión natural de la moneda, necesarios para seguir el ritmo del aumento de la riqueza en una era de prosperidad en expansión. Se conservó la apariencia del oro, pero el sistema era en realidad un fraude dorado. A partir de un miserable "respaldo" de oro (al principio con, pero finalmente sin, la ayuda de ningún papel, o la emisión de ningún recibo al propietario por lo que había entregado) creció una vasta superestructura de dinero físicamente inexistente creado por el "crédito bancario". Si se hubieran emitido recibos impresos a los propietarios, la emisión habría dejado en la sombra los peores ejemplos históricos de preguerra de abuso de la imprenta en tiempos de agitación y dificultades políticas. No es la emisión de recibos adecuados lo que debe ser atacado, sino la obtención a cambio de nada mediante la emisión de dinero de más de lo que el público es capaz de dar por él. Si imprimir recibos, en lugar de dar oro por lo que el propietario del dinero da a cambio de dinero, es una práctica inmoral, ¡cuánto más inmoral es ni siquiera dar recibos! ¡Cuán absolutamente hipócrita es proceder contra el falsificador de un billete falso, que da un recibo falso, por traición en lugar de por robo, y limitar estrictamente por ley del Parlamento las cantidades que los bancos pueden obtener del público a cambio de nada mediante la emisión de recibos tangibles, mientras se les permite extraer para su propio beneficio cantidades incomparablemente mayores siempre que no reconozcan el recibo en absoluto!

La emisión privada de dinero

Al permitir que surjan casas de la moneda privadas, el Parlamento ha traicionado la democracia de manera fundamental y quizá irremediable. Antes de que la guerra arrojara una luz penetrante sobre la naturaleza de los sistemas monetarios en general, era habitual encontrar, incluso en las obras de economistas aparentemente respetables, distinciones absolutamente deshonestas entre el dinero invisible así creado y los billetes de papel. Estos últimos eran realmente dinero y los primeros no. De hecho, el lector siempre puede darse cuenta en tales obras estándar sobre el tema cuando se está acercando a la parte sospechosa del asunto. El hecho esencial, la creación de dinero nuevo, se oscurece en una nube de justificaciones anticipadas y elaborados argumentos especiales. Esto ya ni siquiera es posible, y uno puede estar agradecido de encontrar hoy en día algunos escritores técnicos sobre este maloliente tema que se contentan con exponer los hechos de forma inequívoca y dejar que el lector saque sus propias conclusiones.

Es cierto que el antiguo sistema de crédito "basado en el oro" evitaba que la moneda se degradara progresiva y permanentemente en relación con el valor de cambio del oro, recuperándolo a la fuerza después de haberse degradado -compaginando el robo de Pedro para pagar a Pablo con la posterior ruina de Pablo para pagar al banco. Aunque las monedas de oro y plata reales son sencillas y buenas en muchos sentidos, implican una enorme cantidad de esfuerzo humano inútil en la búsqueda de metales preciosos, que luego se vuelven instantáneamente inútiles para cualquier aplicación estética o industrial legítima. Pero es una mera pretensión atribuir ventajas tan sólidas, como las que puedan tener, a los sistemas modernos que pretenden basarse en ellas, pero que en realidad las utilizan brutalmente para devolver el valor al dinero después de que se ha diluido, en perjuicio de los inocentes y beneficio de los culpables.

Durante más de un siglo simplemente no ha habido suficiente oro y plata en el mundo para los requisitos de una moneda de trueque pura. En lo que se refiere a las condiciones actuales en este país y en otros, desde el colapso final del "patrón oro", estamos ahora comprometidos con un dinero de crédito-deuda casi puro, pero en lugar de cualquier patrón definido hemos entrado en una etapa de "política monetaria" en la que el nivel de precios es modificado deliberadamente de vez en cuando por jueces irresponsables de acuerdo con lo que ellos conciben como "política", y sin la más mínima consideración a los principios elementales de justicia y trato justo para aquellos que poseen dinero, y esto es para todos en común, que han renunciado a un valor equivalente por él.

Política monetaria

La política monetaria se describiría mejor como "política de pesos y medidas", ya que no es más que un medio universal de hacer malabarismos con las normas de peso y medida. Fuera de la ciencia métrica, a nadie le interesa realmente el valor absoluto de estas últimas. Su uso económico es puramente relativo al dinero: cuántas libras de carbón por una libra, cuántos peniques por una pinta de cerveza. Hacer que la £ compre menos o más libras o pintas es lo mismo en todos los asuntos económicos que hacer que la libra y la pinta pesen y midan menos o más que antes. Sustituye a las balanzas falsas y a los recipientes de medida el mecanismo universal e ineludible de la estafa.

Vivimos en una época que se ha engrandecido gracias a las ciencias precisas y es ocioso intentar vincular nuestro dinero todavía al viejo señuelo semidolátrico del oro y la plata. Se podrían escribir y se han escrito libros a favor y en contra del sistema de vincular el valor de cambio de las mercancías a la única mercancía, el oro, sin intentar siquiera responder a la verdadera pregunta de qué es lo que da al dinero su valor de cambio. Es cierto que las simples monedas de trueque pueden mantener constante el valor del dinero en relación con el oro o la plata. Pero eso por sí mismo no tiene sentido, a menos que se pueda encontrar una respuesta a la pregunta, ¿qué fija el valor de estos metales relativamente raros, casi completamente limitados en su uso a fines de lujo, en términos de las cosas universalmente necesarias para que la vida continúe? Que hay una pregunta a la que responder es obvio cuando tratamos con formas de dinero de papel y de crédito puras, y es casi tan obvio que la respuesta sólo puede encontrarse en lo que aquí se toma como la característica esencial del dinero en general, ya que es la única característica que presenta esta forma de dinero. Hay que ceder tanto por una libra de papel como por un soberano de oro. No hay diferencia entre las dos clases de dinero en este aspecto, y por lo tanto es este aspecto el criterio común de todas las formas de dinero.

Lo que da valor al dinero

Su valor de cambio depende, de hecho, simplemente de la cantidad de riqueza de la que la gente voluntariamente prefiere prescindir antes que poseer. El valor del dinero depende, sin duda, de la cantidad de dinero que la gente quiere, pero el significado poco preciso y confuso de la expresión "la gente quiere dinero" hace necesario añadir "*en lugar* de riqueza". De nuevo, "demanda de dinero", "abundancia o escasez de dinero", "precio del dinero", etc., son expresiones técnicas del mercado de préstamos. En las auténticas transacciones de préstamo de cualquier tipo, el prestamista *cede* el crédito que es dinero a otro que lo gasta en su lugar, y en la economía nacional lo importante no es el individuo que lo gasta, sino el hecho de que se gaste. Puesto que las personas no piden dinero prestado y pagan intereses por él simplemente para atesorarlo, el préstamo y el gasto genuinos en este sentido son sinónimos. Mientras que lo que determina el valor del dinero es la cantidad de riqueza de la que la gente prefiere prescindir; y eso es lo mismo que la cantidad de crédito que *retienen* como dinero.

Toda la fraseología común sobre el dinero hace hincapié sólo en lo que se obtiene por él al deshacerse de él, en lugar de la consideración previa de lo que se renuncia al adquirirlo y conservarlo en . Desde el primer punto de vista, la demanda de dinero por parte de la gente es insaciable; desde el segundo punto de vista, sería más cierto decir, exceptuando a los avaros, que la gente guarda tan poco como es seguro. Por término medio, quieren tanto como les permita llevar a cabo sus actividades y asuntos domésticos sin inconvenientes ni molestias. Quieren lo suficiente para comprar lo que pueden permitirse a medida que lo necesitan. Si tienen más, lo gastan o lo invierten. En cualquiera de los dos casos, , cargan sobre los hombros de los demás la responsabilidad de prescindir de las cosas que van a comprar. Es muy importante reconocer de una vez que invertir es, en este sentido, gastar tanto como prestar y por la misma razón. El lector debe recordar que en esta investigación se supone que se entiende perfectamente la actitud ordinaria del individuo hacia el dinero, y no es este aspecto sino el aspecto comunitario del dinero lo que se está investigando.

Dos principios monetarios fundamentales

Aquí hay dos consideraciones importantes. La primera es que la compra, la venta, la inversión, el préstamo genuino y el endeudamiento no tienen efecto alguno sobre la cantidad de dinero -y ésta es la cantidad de riqueza de la que la comunidad carece-, ya que lo que una persona obtiene o cede, otra lo obtiene o cede. Alguien, es decir, tiene que poseer todo el dinero todo el tiempo, y prescindir de la sustancia por la sombra. Por mucho que parezca que los individuos son libres de ejercer su elección, sólo lo son en la medida en que las exigencias de los demás pueden ser opuestas o complementarias a las suyas. Si en la comunidad predomina la compra sobre la venta, el nivel de precios sube y el valor de la unidad monetaria baja. Si predomina la venta sobre la compra, ocurre lo contrario. Suponiendo que la cantidad de dinero no cambie, lo primero significa que la comunidad opta por renunciar a menos bienes y servicios que cuando el nivel de precios no cambia; y lo segundo, que opta por renunciar a más.

El segundo punto importante es que, aunque los individuos mueren y sus asuntos se liquidan, las comunidades continúan indefinidamente. Por lo tanto, en un sistema monetario no estamos contemplando una renuncia voluntaria temporal a algo a cambio de nada para satisfacer las preferencias y la conveniencia del individuo, sino, por parte de la comunidad, una abstinencia forzosa del uso y la propiedad de bienes y servicios adquiribles iguales en precio o valor agregado a la cantidad agregada de dinero en la comunidad.

Riqueza virtual

El autor denomina Riqueza Virtual de la comunidad a este conjunto de bienes y servicios intercambiables del que la comunidad carece de forma continua y permanente (aunque los propietarios *individuales* de dinero pueden exigirlo y obtenerlo instantáneamente de otros individuos). Fija el valor del agregado de dinero sea cual sea éste. El valor de cada unidad de dinero, como£ , en mercancías, o lo que se denomina "índice de precios" o "nivel de precios", es, por tanto, la Riqueza Virtual dividida por el agregado total de dinero. En un sistema de dinero-crédito, este último puede ser cualquier cosa, pero el primero es definido y está dictado por la necesidad de que la gente retenga suficiente crédito instantáneo para bienes y servicios que les permita obtener lo que quieren cuando lo quieren. Pueden tener una gran variedad de Otras formas de crédito -bienes, servicios, joyas, inversiones, bienes inmuebles y propiedades- pero en una civilización monetaria, a diferencia de una que practica el trueque, todos ellos tienen que venderse primero a un comprador, es decir, cambiarse por el crédito que es dinero, antes de que la gente pueda obtener lo que quiere tal como lo quiere. En este sentido, la venta de servicios a cambio de dinero se denomina, por supuesto, más habitualmente ganancia (sueldos, salarios, honorarios, comisiones, etc.).

El crédito comunitario

Lo que aquí se denomina con el nombre especial de *Riqueza Virtual* es lo que los reformadores monetarios suelen querer decir cuando se emplea el término mucho más amplio y general de crédito del público o de la nación. En realidad, la Riqueza Virtual es una parte especial y peculiar del crédito de la nación. El crédito de una nación puede ser, y en su mayor parte es, en nada diferente del de los individuos, en el sentido ordinario de su capacidad para endeudarse. Así, la relación que rige la deuda nacional ordinaria es la misma que si se debiera entre individuos. La nación ha recurrido o gastado su crédito hasta siete u ocho mil millones de libras tomando prestadas estas sumas de ciudadanos individuales en diversas condiciones en lo que respecta al pago de intereses y a la devolución, si alguna vez se produce, en el futuro, y estos individuos poseen deudas por las sumas de dinero que han autorizado al Gobierno a gastar en su lugar. Ellos entregan su dinero y el Gobierno se compra a sí mismo bienes y servicios.

La Riqueza Virtual, por su parte, es el crédito establecido por los individuos con la nación, a través del cual, en primer lugar, surge la forma intermedia de pago, el dinero. Se establece mediante la entrega directa de bienes y servicios al emisor del dinero, reembolsable como tal no por el emisor (a menos que sea emitido por la nación) sino por la comunidad a petición, sin que la deuda devengue intereses para el acreedor, siempre que conserve el crédito y el derecho de reembolso instantáneo. El interés, obviamente, puede ser exigido de deudas sólo reembolsables, si acaso, en una fecha futura, y no de aquellas cuyo propietario puede ser reembolsado en cualquier momento pero elige posponer el pago.

El dinero del crédito, un impuesto

Pero, desde el punto de vista de la comunidad, el dinero crediticio es simplemente una forma de exacción forzosa o impuesto imposible de resistir, sin que el conjunto de tales acreedores tenga opción alguna en el asunto, como en otras formas de la relación deuda-crédito. Cualquiera que emita dinero, ya sea el Estado, un banco o un falsificador, realiza una exacción forzosa sobre los bienes y servicios de la nación a la que los acreedores existentes, en su calidad de propietarios del dinero, renuncian mediante la correspondiente reducción del valor de cada unidad de su dinero. Cuando los impuestos, u otra forma de expropiación de la propiedad de los individuos por parte del Estado, ha producido todo lo que se puede obligar a estos últimos a entregar, el último recurso del recaudador de impuestos -y es completamente ineludible- es la emisión de nuevo dinero, y puede continuarse hasta que todo el dinero se reduzca a una relativa falta de valor. De esta manera, por supuesto, después de la guerra, las naciones derrotadas, Rusia, Alemania y Austria, recaudaron ingresos cuando no había otros medios posibles, y al mismo tiempo repudiaron todas las deudas preexistentes en la medida en que eran reembolsables en dinero.

Muchos, sin duda, hasta que se familiaricen con ella, cuestionarán el uso o la necesidad de esta concepción de la Riqueza Virtual, y sostendrán que no explica realmente el valor del dinero. A los individuos les puede parecer una inversión pintoresca y sofisticada del uso común. Más bien es el primer paso para invertir la inversión inducida en los hábitos de pensamiento de la gente al considerar el dinero como el principal factor definitivo e importante, y la riqueza que comprará como una consecuencia o propiedad inherente del dinero. Es la riqueza a la que toda la gente debe renunciar y de la que debe prescindir involuntariamente el factor principal que dota al dinero del poder de comprar. Si todos se negaran a prescindir de algo a cambio de dinero y reclamaran toda la riqueza a la que legalmente tienen derecho a cambio de él, sólo habría compradores pero no vendedores, y no habría riqueza alguna para satisfacer ni a uno solo de ellos. En la medida en que el dinero puede incorporar o estar "respaldado" por un material valioso, que puede recuperarse destruyéndolo como dinero, hay esto para satisfacerlos, pero en la medida en que es puro dinero de crédito no hay absolutamente nada.

"Dinero" respaldado

Si consideramos una forma intermedia como un papel moneda "respaldado" por un depósito de algún tipo de valores legales, entonces detrás de un tipo de deuda, el dinero, hay otro tipo de deuda a la que el propietario existente puede ser obligado legalmente a renunciar. Esta deuda puede ser intercambiable por la riqueza que el propietario necesita de la misma manera que el dinero, pero de forma menos simple. Pero en este caso seguiría siendo cierto decir que la riqueza a la que el propietario del dinero ha renunciado, y por la que se le debe, no existe. Porque los valores "detrás" de este tipo de dinero ya están en posesión de los propietarios, y el proceso no es más que la expropiación forzosa de su propiedad en recuperación de una deuda repudiada. En palabras de Ruskin, "la raíz y la regla de toda economía es que lo que una persona tiene, otra no puede tenerlo", y los peores errores del economista convencional ordinario se encontrarán que han surgido del intento de alguna manera de contar dos veces sobre la propiedad con dos propietarios, donde, como en este caso, los derechos de uno comienzan sólo cuando terminan los del otro.

El dinero reclama lo que no existe

La característica esencial del dinero es, como McLeod comprendió perfectamente, que es una reclamación legal de riqueza *por encima de* la riqueza existente, toda la cual, en una sociedad individualista, *ya* es propiedad de otros independientemente de esta reclamación. Incluso en el caso de una moneda de oro que lleva la impronta de la nación o de su gobernante, es bastante habitual y más cercano a la verdad considerar el oro como propiedad de la nación o del gobernante y no del propietario individual de la moneda. De modo que, sin ninguna excepción real, llegamos a la conclusión de que por encima de toda la propiedad existente, toda la cual ya tiene dueños, los propietarios del dinero poseen derechos sobre aquello a lo que han renunciado, pero lo que han renunciado no existe en realidad. La mejor analogía física es considerar que la riqueza de una comunidad no se calcula a partir del cero de "no riqueza", sino a partir de una línea de referencia negativa por debajo de él en la cantidad de Riqueza Virtual, al igual que para fines de estudios especiales puede ser conveniente calcular el nivel no a partir del nivel medio del mar, como es habitual, sino a partir de algún nivel por debajo de él, como, por ejemplo, el nivel más bajo de la marea. No hay ningún misterio real sobre el dinero, como lo hay sobre los fenómenos psíquicos, sino simplemente una especie de misticismo matemático espurio introducido por la invención con el fin de calcular cantidades negativas imaginarias que son bastante legítimas si se entiende la naturaleza de la convención. Desgraciadamente, no es así.

El nivel de precios

A todos los efectos prácticos, la Riqueza Virtual en cada instante se "mide" (¡*en valor monetario!*) por el agregado de dinero. Si este último es de mil millones, la comunidad está renunciando voluntariamente a poseer una propiedad de mil millones que tiene derecho a poseer y no posee. Hoy en día la cantidad de dinero no se mantiene. Está variando salvajemente de minuto en minuto de la jornada laboral. De un año a otro puede variar arbitrariamente dentro del año en cientos de millones para adaptarse a alguna "política" diseñada para aumentar o disminuir el valor de la unidad. Sin embargo, no es la riqueza virtual la que cambia, ya que se trata de una cantidad muy conservadora, dictada por las necesidades y hábitos de la gente, que son los únicos que pueden cambiar. Pero como la Riqueza Virtual siempre está dividida en un número mayor o menor de unidades, el nivel de precios o el valor de cada unidad varía proporcionalmente con el agregado de dinero, considerado como un factor que opera independientemente. Por otra parte, normalmente en estos días de expansión continua, durante períodos suficientemente largos hay y debe haber una apreciación gradual y constante del valor de la Riqueza Virtual, tanto por el aumento de la población como por el aumento del nivel de vida. Si en un sistema de dinero-crédito no se mantiene este ritmo mediante la correspondiente emisión de más dinero, nos encontramos con la parálisis provocada por una caída continua del nivel de precios y la ruina de los productores en interés de los rentistas.

Pero, como se verá más adelante, es absolutamente esencial para el propósito que se emita libremente como un regalo a la nación, que renuncia gratuitamente a los bienes y servicios que vale, y entonces sólo *después de que* el aumento de la prosperidad se ha producido cuando los bienes sin dinero para comprar ellos están realmente a la espera de la venta. Si, como en el pasado, se emite como deuda a los bancos para que los productores compren bienes y servicios para hundirse en la nueva producción, además de convertir al emisor del dinero en el rey sin corona, no puede emitirse sin elevar el nivel de precios. La prueba de sentido común general de esta última consecuencia es que no se afecta ni un ápice, mediante meros trucos de contabilidad que implican cantidades negativas imaginarias, a los procesos físicos por los que se crea nueva riqueza, sino sólo a aquellos por los que se efectúa la incidencia de la distribución de la riqueza existente entre sus diversos demandantes y propietarios. Es asombroso, pero no por ello menos acorde con la época que se nos va, que hasta hace bien poco fuera corriente atribuir al "misterio moral del crédito" y a las virtudes peculiares del sistema bancario británico la expansión de la riqueza debida al crecimiento del conocimiento. Así, los "ortodoxos" cayeron en el mismo error que tanto les gustaba, y les gusta, atribuir a otros reformadores, especialmente monetarios, a saber, el absurdo de pensar que todos podían enriquecerse mediante la imprenta y "jugueteando con la moneda".

El dinero desde el punto de vista del emisor

Hasta ahora nos hemos ocupado del dinero como instrumento público sustitutivo del trueque y hemos rastreado la esencia del invento hasta el punto de permitir a quienes tienen bienes y servicios de los que disponer, entregarlos libremente a cambio de nada con la seguridad más o menos cierta de que, y como *contrapartida*, quedaban así facultados a su vez para recibir bienes y servicios en las mismas condiciones de otros a medida que los necesitaran. Ahora tenemos que considerar el dinero desde el punto de vista de quienes lo han expuesto hasta ahora, para quienes el dinero es el *algo* por *nada* antes de que nadie pueda obtener *nada*, como lo es para quienes lo emiten en primera instancia. Para estos afortunados, el criterio de lo que es y lo que no es realmente dinero parecía depender de finos grados de aceptabilidad general. Normalmente se trazaba una línea imaginaria entre el billete de banco y el cheque sobre la base de que, aunque ambos eran en realidad demandas de dinero al banco (lo que en este país ya ni siquiera es cierto en el primer caso), el billete de banco se había convertido por costumbre en generalmente aceptable, lo presentara quien lo presentara, mientras que el cheque sólo lo era si lo ofrecía la persona a la que se había librado u otra persona autorizada por ella.

Todo esto, desde el punto de vista del público que utiliza el dinero para su propósito legítimo y pasa la mayor parte de su vida esforzándose para no quedarse sin él, es puro sofisma, mientras que en el lado académico el análisis es totalmente superficial. Desde la guerra, es refrescante observar que incluso los ortodoxos admiten, por mucho que se diga que el cheque no es realmente dinero, que no se puede discutir que los depósitos en el banco sobre los que se puede librar el cheque, y que han llegado a existir como resultado de la invención del sistema de cheques, son sin duda dinero. Gracias, sin duda, en parte a la existencia de los reformadores monetarios y a las burlas que han vertido sobre estos shibboleths que son o eran la especialidad de sus oponentes, pero, aún más, a los casi increíbles errores y confusiones perpetrados desde la guerra en nombre de las "finanzas sanas", La opinión pública es hoy demasiado consciente de los intereses diametralmente opuestos de los que viven de la creación y la destrucción de dinero y de los que tienen que adquirirlo para poder vivir, como para dejarse engañar por semejantes evasivas.

El dinero ya no es una ficha tangible

La distinción entre lo que tiene una existencia física y tangible, como las monedas y los billetes, y lo que no la tiene, como los depósitos bancarios, es muy siniestra y peligrosa, pero no es una distinción entre lo que es dinero y lo que no lo es. Un derecho legal de acción contra un banco para que suministre dinero a petición de es para el propietario del mismo tan efectivo como el propio dinero y normalmente más conveniente. No tiene gran importancia que el banco pueda anular, mediante el sistema de cheques, la mayor parte de los cheques librados contra los pagados en él, de modo que prescinde por completo del dinero tangible, salvo por la diferencia entre ambas cantidades. Esto no hace más que sustituir un sistema automático de contabilidad por contadores físicos por un sistema de contabilidad administrativo que es fraudulento porque no parte de cero sino de un valor negativo *que varía continuamente.*

El dinero es un derecho de acción contra la *comunidad* para suministrar *bienes y servicios* o, lo que es lo mismo, para saldar la deuda contraída al obtenerlos del vendedor, de modo que un derecho de acción contra un banco para suministrar dinero a la vista es un derecho de acción *contra la comunidad* para suministrar bienes y servicios a la vista. Por supuesto, cualquier persona normal sabe que el dinero es un derecho sobre los bienes y no tiene ninguna importancia práctica si, en teoría, tiene que reclamar ese derecho a un banco antes de poder reclamar los bienes. También se podría argumentar que una bicicleta olvidada en un guardarropa no es una bicicleta, sino un derecho de acción contra la compañía ferroviaria para que le suministre una bicicleta. La distinción, sumamente siniestra y peligrosa, no se refiere al aspecto que se suele destacar, ni al que se ha destacado hasta ahora en este capítulo, sino al origen del dinero y, si se destruye, a su destrucción.

La definición de dinero moderno con la que empezamos deja claro que antes de que pueda existir, alguien tiene que ceder algo a cambio de nada al emisor del mismo en primera instancia, y el agregado que la comunidad cede se denomina Riqueza Virtual de la comunidad. Tratándose de una moneda de oro o plata de pleno valor, el emisor también tiene que renunciar a su pleno valor, pero la convierte, mientras se utiliza como moneda, en un mero símbolo inútil, con el resultado de que todo el esfuerzo invertido en la obtención de los metales preciosos utilizados como moneda se desperdicia efectivamente. Pero en la emisión de cualquier otra forma de dinero, el emisor debe obtener algo gratis.

Cambio del trueque al crédito-dinero

Es fácil ver esto si suponemos que una comunidad que practica el trueque o que utiliza una moneda de oro pura de trueque cambia de repente a un sistema de crédito. Sería similar a empezar a jugar a un juego con dinero con una quiniela común, en la que cada uno de los jugadores, antes de tener derecho a jugar, tuviera que aportar tanto dinero a la quiniela, salvo que, en lugar de dinero, en un caso bienes u otra propiedad intercambiable y en el otro caso monedas de oro, ahora retiradas y volviendo a su función original como mercancía, se pagarían a la quiniela a cambio de recibos en forma de la nueva moneda de crédito-deuda. La consecuencia sería que el croupier, o la autoridad a cargo del fondo común, tendría en fideicomiso para la comunidad varias formas de propiedad iguales a la Riqueza Virtual de la comunidad. Pero como no hay ninguna intención de liquidar el sistema monetario en el futuro, está claro que toda esta riqueza real, igual a la Riqueza Virtual en valor, permanecería permanentemente en el fondo común. Si la comunidad prospera y se expande, el fondo tenderá naturalmente a crecer en lugar de disminuir, gracias a que la gente aumentará su Riqueza Virtual y entregará la riqueza real equivalente a cambio de los recibos que son dinero. Sólo puede disminuir si la comunidad disminuye en número o en bienestar, y sólo puede reducirse a la nada si la comunidad deja de existir.

Se produciría entonces la situación que la profesión bancaria descubrió por primera vez y mantuvo como secreto comercial. Actuaban como croupiers y recibían el oro del público que se les entregaba voluntariamente en préstamo o en depósito, y emitían billetes por él que eran a la vez recibos por el oro entregado y promesas de devolverlo cuando se les pidiera. A continuación, estos billetes empezaron a circular como dinero. Al principio, por cada billete que quedaba en circulación, el oro permanecía ocioso en sus cajas fuertes y, por término medio, siempre guardaban una cantidad de oro mucho mayor que la suficiente para reembolsar a aquellos que, en lugar de utilizar los billetes para pagar sus deudas, exigían la devolución del oro al banco. Esto no duró mucho, porque, naturalmente, empezaron a prestar parte del oro a interés a prestatarios seguros, y sólo guardaban lo suficiente para satisfacer a sus clientes que demandaban oro. La situación era entonces que debían a sus depositantes más oro del que podían devolver en cualquier momento, pero a su vez debían otro tanto a aquellos a quienes se lo *habían* prestado, y estaban obligados a devolverlo en el futuro. Pero esto tampoco duró mucho.

El paso en falso

Es este siguiente paso el que introduce el dinero en su sentido moderno actual, en el que es una invención esencialmente nueva, y todos los pasos posteriores no son más que elaboraciones del original . Porque los banqueros empezaron pronto a prestar no oro, sino sus propios billetes, o promesas de devolver oro que ni ellos ni sus depositantes poseían. Incluso si había tanto oro en existencia, era propiedad y estaba en posesión de otros completamente fuera del círculo de sus negocios. La situación, entonces, era, suponiendo que sólo prestaran billetes y no oro, manteniendo este último como "respaldo" para su emisión de billetes, que debían oro en la medida de los "depósitos" de sus clientes más la emisión de billetes pendientes en circulación, que se comprometieron a redimir en oro si se les devolvía, y contra la deuda tenían el respaldo en oro de sus cámaras acorazadas y los valores o "garantías" de sus prestatarios, es decir, de aquellos a quienes habían prestado pagarés (promesas de pagar en oro), pero de quienes, naturalmente, tendrían que aceptar sus propios pagarés en pago de la deuda si se les presentaban en lugar de oro.

Este es el origen del dinero moderno como nada a cambio de algo por parte del usuario legítimo; como algo a cambio de nada por parte del emisor; y como algo a cambio de la promesa de devolverlo por parte del prestatario, con la suficiente garantía a quien el emisor transfirió la adquisición del algo devengado *gratuitamente* por la emisión. Todo esto es muy fácil de entender desde el punto de vista de la Riqueza Virtual, y de la necesidad de que el conjunto de los individuos de la comunidad deban ceder a cambio de nada y ser permanentemente deudores de parte de sus posesiones si quieren evitar el trueque o la moneda de trueque. Si desde el principio la creación de dinero se hubiera preservado, como debería haber sido, como prerrogativa del Estado, la accidentada historia de los dos últimos siglos y la inminente disociación de toda la civilización occidental nunca se habrían producido. Pero sólo el banquero conocía este aspecto del dinero, y durante mucho tiempo lo mantuvo como el gran secreto de su oficio. Pero ya no es un secreto.

¿Por qué era falso?

¿Por qué es tan vital para la seguridad del reino que el dinero, y en particular el dinero crediticio, sea prerrogativa de la Corona, como autoridad central que representa a toda la nación ? Las razones son numerosas, pero la más fundamental es evidente si consideramos de nuevo la etapa anterior, que representa la invención del dinero moderno en el sentido definido. Una nueva moneda ha sido creada por los bancos a través de personas dedicadas a la industria que contraen deudas con los bancos *que no pueden ser reembolsadas excepto destruyendo esa moneda*, ya que no hay nada más con lo que reembolsarla. Cuando los prestatarios de los bancos tienen que pagar, deben encontrar oro, que por lo que los banqueros sabían o les importaba no tenía existencia física, o los propios billetes de los banqueros. Ahora bien, estos billetes no se regalaban. El importe de la emisión es el importe adeudado al banco. Mediante la emisión de nuevo dinero se crea la deuda con el banco y mediante el reembolso de esa deuda el dinero se destruye de nuevo. Evidentemente, mucho antes de que se pudiera reembolsar una gran parte, se produciría una escasez de dinero y todos los deudores restantes serían físicamente incapaces de obtener el dinero, es decir, de vender sus productos o manufacturas a cualquier precio.

El banquero como gobernante

De ese invento data la era moderna del banquero como gobernante. A partir de entonces, el mundo entero fue suyo. Gracias al trabajo de los científicos puros, se establecieron las leyes de conservación de la materia y la energía, y se crearon nuevas formas de vida que dependían de la negación despectiva de aspiraciones tan primitivas y pueriles como el movimiento perpetuo y la capacidad de obtener algo a cambio de nada. Toda la maravillosa civilización que ha surgido de esa base física ha sido entregada en bandeja de plata a quienes no podían dar ni han dado al mundo ni un bollo sin robárselo antes a otro. La industria y la agricultura, los productores de la riqueza positiva en virtud de la cual viven las comunidades, sólo pueden expandirse endeudándose cada vez más con los bancos. Han sido reducidos a una esclavitud permanente e ineludible por una sutil y, en su lugar, útil forma de contabilidad que sigue contando por debajo del nivel en el que hay algo que contar. Los hábiles creadores de riqueza se han convertido ahora en leñadores y aguadores de los creadores de deuda, que han estado haciendo en secreto exactamente lo que han condenado en público como finanzas insanas e inmorales y que siempre se han negado a permitir que los gobiernos y las naciones hagan abiertamente y sin tapujos. Se trata, sin exagerar, de la farsa más gargantuesca que jamás haya escenificado la historia.

Los beneficios de la emisión de dinero

Dejamos a nuestra hipotética comunidad cambiando súbitamente del trueque al dinero de crédito-deuda, con la autoridad emisora central en posesión de oro y otros bienes de valor igual a la Riqueza Virtual de la comunidad, y ésta en posesión en cambio de los recibos de lo que había renunciado y que han de servirle en el futuro para siempre como dinero. Es evidente que todo el stock de bienes de valor en posesión del emisor no puede en la práctica dejarse como "respaldo" del dinero. Todo ello, si no se utiliza, excepto el oro y las joyas, se pudriría. Como no hay suficientes de tales formas imperecederas de riqueza para servir como dinero, es ocioso relegar todo lo que hay al absoluto desperdicio del encarcelamiento permanente en cámaras acorazadas y bóvedas, como parte de la garantía de una deuda que nunca podrá ser pagada excepto si la comunidad vuelve al primitivo sistema de trueque que ha superado. No hace falta más que sentido común para sugerir que debería utilizarse todo de una vez para los propósitos generales de la comunidad sufragando parte del gasto público necesario con este almacén, que de otro modo tendría que sufragarse mediante impuestos. A medida que crece la riqueza virtual de la comunidad, la riqueza adicional a la que tiene que renunciar para dinero nuevo que necesita también debería dedicarse al mismo fin.

Muchas personas que se inician en el estudio del dinero sobrestiman las cantidades que pueden obtenerse de la comunidad a cambio de nada mediante su emisión. Incluso se sugiere que los impuestos podrían pagarse en su totalidad de esta manera y que aún quedaría algo para distribuir gratuitamente. Pero no es probable que las cantidades que se pueden obtener *gratuitamente* pongan en aprietos a ningún gobierno moderno. Aunque grandes desde el punto de vista del individuo, son pequeñas comparadas con la escala del gasto nacional. En muchos sectores se han abrigado vivas esperanzas de proporcionar dividendos nacionales con ese nuevo dinero, pero parecen depender de simples errores en cuanto a la naturaleza de un sistema monetario real o, de hecho, concebible. Cualquier cantidad de dinero seguirá distribuyendo bienes y servicios a un ritmo constante si el nivel de precios permanece invariable, de modo que la cantidad total de bienes y servicios que transmitirá de la producción al consumo y al uso es ilimitada. No puede emitirse dinero nuevo hasta que no aumente la tasa de producción. Sólo cuando *la tasa* de producción y consumo aumenta, es decir, cuando las cantidades de riqueza producida y consumida por año, o en cualquier otra unidad de tiempo, aumentan, debe emitirse proporcionalmente más dinero para que el nivel de precios permanezca invariable.

Dinero indestructible sin expropiación

Es absurdo suponer que puede destruirse "cuando ha hecho su trabajo". No puede ser destruido sin que su propietario sea expropiado de su derecho a bienes y servicios. La facilidad con la que los bancos pueden destruir dinero, así como crearlo, depende del hecho de que ese dinero no se regala en absoluto, sino que sólo se presta, y el dinero crediticio que se creó para el prestatario se le vuelve a expropiar automáticamente y desaparece de la existencia cuando devuelve el préstamo. Mientras que la sugerencia de pagar dividendos nacionales de tales créditos no contempla prestar dinero en absoluto, sino regalarlo, y tales derechos a la riqueza no pueden ser destruidos de nuevo excepto por impuestos, o alguna otra forma de expropiación, obligando al propietario a entregar para su destrucción el dinero así emitido. Es realmente asombroso lo dispuestos que están algunos a seguir creyendo en la magia.

No se sostiene, por supuesto, que los beneficios de la emisión de dinero nuevo no puedan entregarse a los consumidores como dividendo nacional, sino simplemente que las cantidades apenas merecerían la pena, puesto que prácticamente cada consumidor ya paga mucho más en impuestos de lo que podría esperar recibir de tal fuente. Parecería más natural utilizar los beneficios de la emisión de nuevo dinero crediticio para el alivio general del contribuyente. Pero las cantidades totales de dinero que se han emitido privadamente en el pasado, si se aplicaran ahora al alivio del contribuyente, supondrían una reducción muy valiosa de su carga, algo así como£ 2 por habitante y año. Una vez hecho esto, las cantidades anuales adicionales que serían necesarias en este país, si se distribuyeran, ya sea como alivio a los contribuyentes o como dividendo nacional, difícilmente podrían ser más de unos pocos chelines per cápita al año, es decir, si el nivel de precios no se incrementa. Si el nivel de precios no se mantiene constante, sino que se permite que aumente continuamente hasta que finalmente el dinero pierda su valor, entonces, por supuesto, no hay límite alguno a la cantidad de dinero que puede distribuirse como dividendo nacional, o emitirse en lugar de imponer impuestos. Pero sostener que se puede emitir un dividendo nacional que valga la pena e impedir que los precios suban mediante disposiciones legales es hoy en día absurdo. En la nueva economía, todo lo que se obtiene *gratuitamente* debe ser compensado exactamente por otros que prescinden de ello, es decir, que *retienen* sin gastarlo más dinero que antes por la cantidad extra emitida. Deben hacerlo de todos modos, pero si eso significa que están renunciando voluntariamente a más riqueza que antes por ello es una cuestión de nivel de precios. Si no pueden permitírselo, el nivel de precios subirá y el dinero valdrá menos.

CAPÍTULO III

LA EVOLUCIÓN DEL DINERO MODERNO

El origen del cheque

La invención del cheque es anterior a la del billete de banco, originalmente una promesa de pagar oro a la vista. Era costumbre que los comerciantes que habían depositado oro a buen recaudo en los orfebres, los creadores de la "banca", como aún se la denomina, escribieran una orden o instrucción para que entregaran una cantidad determinada de su oro a otra persona distinta de ellos, nombrada en la orden, quien, al presentarla y endosarla como prueba de que se había cumplido, recibía el pago de dicha cantidad. Era un medio de saldar las cuentas con los acreedores dando instrucciones al depositario de los fondos de los deudores para que los liquidara sin necesidad de que los propios deudores sacaran el dinero, lo que es exactamente análogo al cheque moderno.

Desde el principio, sin embargo, los banqueros desarrollaron el billete de banco, ya que éste era un poderoso medio de difundir su reputación de honradez y fiabilidad por toda la comunidad. La gente se dio cuenta de que, si lo deseaba, podía cambiar los billetes de banco en el banco por oro, y se acostumbró a aceptarlos a cualquiera que los ofreciera como pago, y a no cambiarlos por oro en el banco excepto por razones especiales, como cuando se iba al extranjero, mientras que el nombre del librador de un cheque era conocido por relativamente poca gente y, por lo tanto, no tenía el mismo grado de aceptación general que el billete como forma de dinero. El trato honesto y la honradez significaban entonces la capacidad de dar el oro por el papel siempre que se pidiera. En aquella época era lo que más importaba, y no cabe duda de que el primer banquero fue un benefactor social al inventar un medio de cambio a crédito cuando el oro ya no bastaba. Este banquero a la antigua usanza se horrorizaría ante el terrible poder que ha puesto en manos menos escrupulosas.

A los bancos les interesaba directamente que las imitaciones falsas de sus billetes fueran rápidamente detectadas y retiradas de la circulación, y que quienes las emitían fueran perseguidos y severamente castigados por hacer, como ahora parece, algo mucho menos peligroso socialmente en sus últimas consecuencias que lo que los propios banqueros estaban haciendo. Pero en aquella etapa de la evolución del dinero no se comprendía la imposibilidad física de reembolsar las deudas que con tanto cuidado creaban para ese fin, y el público seguía firmemente convencido de que la convertibilidad del papel en su valor nominal de metal precioso constituía el dinero billete. Mientras que el papel en sí era dinero porque el propietario había renunciado a ese valor de bienes y servicios para adquirirlo, y por lo tanto tenía derecho a un valor equivalente a cambio de él. Sin embargo, todos los intereses emisores de dinero continuaron por todos los medios a su alcance propagando sediciosamente el otro punto de vista. Por eso ellos y los políticos pensaron que habría un clamor cuando, al estallar la guerra, entró en vigor el plan para retirar todo el oro y sustituirlo por dinero de crédito puro. Pero no hubo ninguna protesta, ya que la mayoría de la gente prefirió los nuevos billetes de papel a los soberanos de oro. Tampoco ha habido ninguna justificación, desde el punto de vista del prejuicio público, para los persistentes y ruinosamente infructuosos esfuerzos de posguerra por volver al oro. Lo que el público quiere es un índice de precios constante, para que el valor del dinero permanezca estable en bienes y servicios. Esto no puede conseguirse, como veremos, sin destruir la "banca" tal y como se entiende hoy en día. Aquí, como siempre, hay que distinguir muy claramente entre los intereses del público y los de sus verdaderos gobernantes; y hasta ahora la democracia nunca ha tenido un gobierno que pudiera confiar en sí mismo para gobernar independientemente del poder monetario.

Regulación gubernamental de la "banca"

Pero aunque el público estaba sedicentemente protegido en interés de los bancos contra el falsificador, no estaba protegido contra los fracasos de los bancos para redimir sus promesas imposibles, que llegaron a ser tan frecuentes y causaron una ruina tan generalizada que todo el sistema monetario en esta etapa de transición estaba en peligro. Había muchas razones para ello. El Gobierno, habiendo permitido en primer lugar que los bancos usurparan su prerrogativa de crear dinero, en lugar de crearlo ellos mismos, intentó por todos los medios posibles obstaculizarlos y frustrarlos. Al menos en lo que concierne a los bancos nacionales y comerciales, se mostraron recelosos y hostiles a las innovaciones que parecían ir en contra de las normas ordinarias de la moralidad comercial y constituir una nueva forma de falsificación. Pero en lo que se refiere a ellos mismos, actuaron de forma diferente. En lugar de emitir suficiente dinero por sí mismos, cada vez más favorecían y otorgaban poderes a un banco, el Banco de Inglaterra, para que actuara por ellos a cambio de que recaudara ingresos para fines gubernamentales. Este banco fue fundado en 1694 en el reinado de Guillermo, siguiendo el modelo de los bancos italianos anteriores, para proporcionar fondos al Gobierno, y prestó dinero a interés primero a cambio de permiso para emitir billetes de igual cantidad, y pronto fue recompensado con un monopolio de emisión de billetes, canjeable en moneda de oro a la vista, que duró hasta 1709. Desde su génesis hasta el día de hoy, nunca ha sido un banco de la nación inglesa, sino un banco para proporcionar dinero al Gobierno, principalmente para gastos de guerra, un arma que el Gobierno puede emplear, y emplea, contra el pueblo. Pero de ser lo que se conoce como un banco de banqueros, se ha convertido ahora casi en el gobierno del Gobierno.

Fuera de este objeto, la regulación estatal de la "banca" ha sido restrictiva. Específicamente dirigida a proteger al público de ser estafado por bancos deshonestos e insustanciales, hizo tan precaria la posición de los banqueros honestos y, por lo tanto, con mentalidad social, que su quiebra y la consiguiente ruina de comerciantes y gente de negocios se hizo casi inevitable. La política culminó en la Ley de la Carta Bancaria de Sir Robert Peel de 1844, que nominalmente fijó el sistema monetario en este país hasta la guerra, pero a través de la cual los bancos pronto descubrieron que podían conducir un carruaje y cuatro. Legisló para limitar y finalmente extinguir la emisión de billetes de banco en Inglaterra excepto por el Banco de Inglaterra, limitando la emisión de este último a catorce millones por encima de la reserva de oro (la llamada emisión fiduciaria, porque se suponía que se basaba en la confianza del público y no en sus necesidades). El resultado fue que el cheque, al principio secretamente, ocupó el lugar del billete como medio de crear dinero nuevo y pronto se convirtió en la forma abrumadoramente preponderante del medio de cambio crediticio.

Préstamo de talonarios de cheques

En lugar de imprimir y prestar billetes, una creación obvia de dinero, surgió esta forma de emisión mucho más insidiosa y peligrosa. Al prestatario sin dinero se le permitía librar cheques como si tuviera dinero y crear un descubierto en el banco. El balance del banco se falsificaba para que siguiera cuadrando. Por un lado, se abonaba al individuo la suma límite hasta la que estaba autorizado a girar en descubierto y, por otro, la misma suma como deuda del individuo con el banco. Naturalmente, como siempre, antes de conceder el privilegio había que depositar en el banco una garantía sustancial, de un valor considerablemente superior al importe del descubierto, para proporcionar un amplio margen de seguridad al banco. Si el deudor incurría en impago, una venta forzosa de la garantía recuperaba del público las sumas que el descubierto le había permitido poner en circulación. En tales circunstancias, no se podía esperar que el título alcanzara su valor real. Como, además, estas liquidaciones se producen en épocas de quiebra, cuando el dinero escasea y los precios son bajos, mientras que los "préstamos" se solicitan en épocas de auge, cuando el dinero abunda y los precios son altos, los bancos pudieron adquirir así títulos valiosos a precios de venta forzosa. Sólo tenían que mantener los títulos hasta que volviera la "confianza", cuando volvían a emitir el dinero que habían reclamado para que volviera a ser abundante, para obtener por ellos mucho más de lo que habían obtenido al venderlos para recuperar del público el dinero que el descubierto había puesto en circulación. Es importante darse cuenta de que, sea como sea, para el banco es un caso de "cara gano yo, cruz pierdes tú". Además, el dinero en que se les reembolsa vale, por término medio, más en bienes que el que crean para prestar.

No había esencialmente nada nuevo en esto, o diferente en principio de prestar "promesas de pago en oro" en lugar del oro mismo, salvo que los bancos evitaban la necesidad de dando recibos impresos por los bienes y servicios que sus prestatarios obtenían a cambio de nada, y había una creación secreta de dinero en lugar de abierta. En lugar de prestar billetes, los bancos, en efecto, prestan ahora talonarios de cheques y el derecho a librar cheques hasta sumas limitadas más allá de lo que el prestatario posee. Durante casi un siglo, hasta que las revelaciones de la guerra hicieron imposible ocultar la verdad al público en general, los banqueros negaron rotundamente que estuvieran creando dinero y afirmaron que se limitaban a prestar los depósitos que sus clientes no utilizaban. El Presidente del Banco de Montreal no hace un año continuó repitiendo esto, pero, más cerca del centro de las cosas, todo esto era conocido y admitido por los apologistas ortodoxos de este monstruoso sistema incluso antes de la guerra, generalmente por alguna frase mentirosa como "Cada préstamo hace un depósito"

Préstamos auténticos y ficticios

Porque un préstamo, si es un préstamo genuino, *no* hace un depósito, porque lo que el prestatario obtiene el prestamista lo cede, y no hay aumento en la cantidad de dinero, sino sólo una alteración en la identidad de los propietarios individuales del mismo. Pero si el prestamista no renuncia a nada, lo que recibe el prestatario es una nueva emisión de dinero y la cantidad aumenta proporcionalmente. Tan elaboradamente ha sido rodeada de confusión la verdadera naturaleza de este ridículo procedimiento por algunos de los más astutos y hábiles defensores que el mundo haya conocido, que sigue siendo una especie de misterio para la gente común, que se agacha la cabeza y confiesa que es "incapaz de entender las finanzas". Pero si, en lugar de tratar de descifrarlo en términos de "lo que obtienes por dinero", estas personas invierten el procedimiento, como en este libro, y lo hacen en términos de "lo que dejas por ello", el truco es bastante claro.

Depósitos en cuenta corriente

Los depósitos en cuenta corriente en el banco representan, en unidades monetarias de valor, lo que los propietarios han cedido en forma de bienes y servicios para adquirir estos derechos a bienes y servicios equivalentes a la vista. En la medida en que uno gasta su dinero, otro lo recibe, o en la medida en que uno recibe los bienes y servicios que se le deben, otro los cede y se le abonan. Con verdaderos "depósitos a plazo", sin embargo, es muy diferente, aunque la práctica bancaria se ha dirigido a difuminar la distinción. En un sistema monetario honesto se insistiría en esta diferencia como esencial para una contabilidad precisa. Sin embargo, se trata de un asunto demasiado importante para tratarlo incidentalmente, por lo que se pospondrá su consideración. Limitaremos aquí el argumento a los depósitos en cuenta corriente.

El total de las cuentas-cheque, excluyendo los auténticos depósitos a plazo, representa en unidades de valor monetario, como se ha dicho, lo que los propietarios del dinero (*no* los prestatarios del mismo) que negocian con los bancos deben a la vista en bienes y servicios de la nación en la que el dinero es de curso legal. Estas enormes sumas de dinero son en su totalidad creación del banco en primera instancia. Cuando el banco pretende prestar su dinero, no reduce ni un céntimo el importe de los derechos de los propietarios a bienes y servicios a la vista. No les informan de que ya no pueden retirarlo porque se lo han prestado a otros. Crean entre el cuerpo general de vendedores que suministran bienes y servicios, a cambio de los cheques que los bancos autorizan a girar a sus prestatarios, *nuevas* reclamaciones a la comunidad por bienes y servicios. Cuando estos cheques se ingresan en las cuentas de los vendedores, crean nuevos depósitos en los bancos. Cuando los prestatarios reembolsan sus préstamos y equilibran sus cuentas, retiran dinero para este fin de aquellos a quienes venden bienes y servicios, y al cancelar sus descubiertos este dinero desaparece de la existencia, tan inexplicablemente como hizo su aparición. Si podemos imaginar lo imposible, que alguna vez consiguieran liberarse de su endeudamiento con los bancos, cada penique que quedara valdría media corona y las personas que ganaran£ 3 a la semana obtendrían 2s. a la semana.

Por qué se prefiere el dinero-cheque a las fichas

Sólo tenemos que sustituirlos por fichas o recibos físicos para demostrar la total deshonestidad de la contabilidad. Porque si un hombre entrega una ficha física de dinero, ya sea para prestársela a otra persona o para comprarle algo con ella, se acabó para él. No puede volver a prestarlo o gastarlo. Tiene que ganar otro o esperar a que venza su préstamo antes de poder recuperar otro para prestarlo o gastarlo de nuevo. Pero un hombre que deposita su dinero en una cuenta de cheques puede prestarlo o gastarlo exactamente como si no lo hubiera depositado en absoluto, utilizando un cheque por el importe, y sin embargo es este mismo dinero el que el banco finge que presta.

La norma de oro

Sólo es necesario considerar muy brevemente los métodos ahora obsoletos por los que, hasta la guerra, la cantidad de dinero existente se mantenía en el perpetuo estado de flujo y reflujo conocido como Ciclo Comercial o Ciclo Crediticio, haciéndolo convertible en oro. Los detalles de esta "regulación automática que funciona maravillosamente" son el pan de cada día de todos los escritores convencionales sobre el dinero de antes de la guerra, y no necesitan entretenernos. La cantidad de dinero se regulaba mediante el patrón oro. Este último significaba que el valor de la unidad monetaria en un gran número de países se mantenía igual al de un cierto peso de oro haciendo que el dinero, en teoría, fuera siempre intercambiable por oro. En la práctica significó el crecimiento de una serie de nuevas diabluras que tenían por objeto frustrar todo intento de cambiarlo por oro, tan pronto como ese cambio comenzara a producirse. Como sólo había oro suficiente en todo el mundo para una miserable fracción de las reclamaciones de oro, que el fácil método de prestar talonarios de cheques había traído a la existencia, en ningún caso los banqueros debían ser sorprendidos. Todos los demás soportaban las pérdidas. En el auge o en la depresión, el banquero prosperaba.

Era fácil fijar el precio del oro en dinero, pero ¿qué fijaba el precio del oro en mercancías? Dado que el oro tenía un precio fijo, el precio de todas las demás mercancías variaba en relación con el fijado arbitrariamente. El precio medio, o el nivel de precios, durante el siglo pasado varió enormemente. Hubo cinco períodos bien marcados de cambio de valor en todos los países, debido a innumerables causas. Aparte de todas las influencias humanas y psíquicas, algunas de las físicas más obvias fueron el descubrimiento de minas de oro, la invención de nuevos procesos técnicos para extraer el oro, el número de países que tenían monedas de oro en comparación con los que tenían monedas de plata, etcétera. En realidad era mucho peor que estandarizar la altura del barómetro , llamarlo "barra", lo que fuera, y expresar todas las longitudes en términos de lo que la "barra" resultaba ser en ese momento. Sin embargo, la variación del nivel de precios en términos de oro se situaba en una horquilla de dos o tres a uno. Esto hace que la variación de la altura del barómetro en términos de la yarda o de la yarda en términos de la altura del barómetro, cualquiera que se tome como "estándar", sea casi insignificante en comparación.

La capacidad de los bancos para crear dinero sin renunciar a nada por ello dependía de que dispusieran siempre de suficiente moneda de curso legal (convertible en oro) para satisfacer las demandas de sus depositantes; es decir, de quienes han depositado dinero en "cuenta corriente En la práctica se comprobó que alrededor del quince por ciento del total de sus depósitos bastaba para su seguridad, pero, a medida que aumenta continuamente el uso de cheques, el porcentaje disminuye. Ahora se considera que el factor de seguridad es de alrededor del diez por ciento, pero puede que no sea ni mucho menos tanto. Nadie más que los propios banqueros puede ver, en una época de abundancia potencial, ningún sentido en que siempre traten de hacer el trabajo de£ 10 o más, cuando en realidad han creado reclamaciones a otros nueve que los propietarios sólo tienen que pedir para reducirlos al pánico, y enviarlos aullando al Gobierno por una moratoria.

El procedimiento correcto

Lo correcto, por supuesto, sería que el Gobierno emitiera tantas libras como ciudadanos hayan renunciado *gratuitamente* a bienes y servicios por valor de una libra, ni una décima parte, y debería exigir a los bancos que mantuvieran para siempre 1 libra de dinero nacional por cada 1 libra en las cuentas corrientes de los depositantes de los bancos.

Desde que la banca se convirtió en realidad en acuñación de moneda mediante la emisión de talonarios de cheques en lugar de billetes, los bancos nunca han sido solventes, sino que han estado expuestos a tener que suspender pagos en cuanto se les pedía más de una décima parte del dinero (de curso legal) que debían a sus depositantes en cuenta corriente. La medida propuesta los haría solventes por primera vez en la fase moderna de su historia. Estando el dinero siempre en los bancos, se pondría fin a los frenéticos envíos de oro de un lado a otro, para elevar el valor del dinero aquí y deprimirlo allí, para lanzar repentinamente al mercado nacional mercancías destinadas a la exportación y, con la misma brusquedad, vaciar el mercado nacional y enviar las mercancías al extranjero, y todos los dispositivos nefastos y sin escrúpulos que, en el curso de un siglo de experiencia de esta acuñación privada secreta, se han inventado para mantener pobre al mundo y mantener la oferta de prestatarios trabajadores en una época de abundancia.

Fuera de esta explicación real, la única razón aparente de todo esto es evitar que la gente pida el dinero por el que han tenido que entregar el valor equivalente en bienes y servicios, pero por el que el Gobierno ha omitido hasta ahora emitir los recibos correspondientes. Es cierto que el Gobierno no lo ha hecho porque todavía no ha recibido los bienes y servicios, pero los esforzados prestatarios han recibido el dinero y, además, han proporcionado una amplia garantía en forma de aval por cada libra que han tomado prestada. La propuesta, por lo tanto, es que el Gobierno emita el dinero necesario a los bancos a cambio de la garantía de los prestatarios, de modo que en adelante estos prestatarios deban, no a los bancos, sino a la nación que, no los bancos, ha suministrado los bienes. Así pueden pagar sus deudas sin destruir la moneda de la nación y sin que les sea imposible encontrar el dinero para pagar. Pues a medida que los préstamos vencen y son reembolsados, el Gobierno debe volver a poner el dinero en circulación (o en los depósitos libra por libra de los usuarios de cheques) comprando con él títulos de la Deuda Nacional y destruyéndolos. De este modo, se destruiría un equivalente de la Deuda Nacional que devenga intereses por la Deuda Nacional que no devenga intereses que *es el* dinero. Pues este dinero *ha* sido emitido en secreto por los bancos a través del sistema de cheques. Esto ocurrió cuando el Gobierno les impidió emitir billetes de banco y trató de restringir y controlar esta forma de moneda a través del Banco de Inglaterra. Ya es hora de que la legalidad de estas operaciones se ponga a prueba en los tribunales. Es un curioso tipo de ley que hace que la emisión abierta de dinero sea traición y su emisión secreta bajo un nombre camuflado, como crédito bancario, sea tan inmune a las sanciones que hasta hace poco era traición incluso cuestionar su legalidad. Pero todo eso ha quedado obsoleto.

El ciclo crediticio o comercial

Hasta el estallido de la guerra, el sistema desarrolló su ciclo inevitable de una manera relativamente sencilla, algo así como

I. Periodo en el que el aumento del dinero (a través de la emisión de más préstamos bancarios de los que se reembolsan por término medio) se produce más rápidamente que el aumento de la Riqueza Virtual y, por lo tanto, los precios suben. Hay abundancia de bienes *en curso de* producción, pero debido a que los préstamos se conceden cuando se inicia la producción -en lugar de hacerlo de la manera correcta, emitiendo el nuevo dinero a los consumidores, como desgravación fiscal, una vez que la nueva producción ha madurado y está lista para ser vendida-, la producción y el consumo se desfasan. La producción va por detrás del consumo en aproximadamente la mitad del período medio de tiempo que se tarda en producir, ya que el nuevo dinero saca del mercado riqueza acabada para pagar a los trabajadores, y éstos sólo ponen riqueza inacabada en su fase inicial o en alguna fase intermedia. Más adelante será necesario volver sobre esta falacia física fundamental de todo el sistema monetario de los banqueros.

Pero es fácil ver, incluso en esta fase, tanto por qué los precios deben subir como por qué la Riqueza Virtual no puede aumentar en la medida del aumento del dinero para que se mantenga el valor de este último. La gente siempre está en el mercado con dinero para comprar unos meses por término medio antes de que la mercancía esté allí. Esto provoca un agotamiento de las existencias y una escasez de riqueza acabada, de modo que, a menos que los precios subieran, no habría bienes que vender por la parte del dinero total equivalente a la cantidad extra creada. Por supuesto, los precios suben para que esto no ocurra. Pero todos obtienen menos bienes por su dinero que antes. Como el dinero ahora vale menos que antes, la gente tiene que retener más para poseer la misma Riqueza Virtual (o crédito para bienes y servicios) que antes. Pronto, la mayor cantidad de dinero no compra más de lo que compraba la cantidad original.

2. Aunque todos los demás precios suben, el del oro se fija arbitrariamente. Esto, en sí mismo, sólo significa que el oro pierde valor en relación con las mercancías. Los efectos de las nuevas emisiones de dinero a crédito son los mismos que si realmente se hubieran descubierto nuevas minas de oro. La subida de los precios tiende a hacer que las minas de oro existentes dejen de ser rentables y que no puedan pagar minas que antes sí podían hacerlo, lo que de nuevo reducirá la producción de oro. Pero cualquier influencia como ésta, que disminuye la producción *anual* de oro, sólo puede producir una diminuta diferencia en la cantidad agregada de oro, y sólo podría producir un efecto perceptible en el nivel de precios después de mucho tiempo. La demanda real de oro, fuera del respaldo del dinero crediticio, no es ahora grande. En realidad, es más bien un metal inútil a su precio. Este cambio de relación entre los valores del oro y las mercancías en sí mismo no podría producir ningún efecto regulador automático en una comunidad autónoma, ya que el oro apenas entra en la categoría de mercancías que la mayoría de la gente compra para poder vivir. Pero, por supuesto, la subida de los precios estafa a todos los acreedores en beneficio de los deudores.

El efecto del patrón oro, sin embargo, es hacer del oro dinero internacional. Puesto que el dinero sólo es una deuda para la comunidad de la que es la moneda de curso legal para el pago de deudas, y no una deuda en absoluto reconocida por ningún otro país ni exigible contra él, el interendeudamiento internacional debe saldarse mediante la transferencia de bienes o servicios reales del país deudor al país deudor, en la medida en que no tenga la naturaleza de, o se convierta en, un préstamo o inversión permanente, que devengue intereses. La convertibilidad de la moneda de curso legal en oro significa que, cuando los precios de todo lo demás han subido y los del oro no, la deuda con un país extranjero se salda de forma más barata enviando oro en lugar de otros bienes. Hemos visto que en la primera etapa se produce una escasez permanente de bienes, debido a que la producción va permanentemente por detrás del consumo. Esto crea naturalmente una demanda de bienes, y los bienes pueden ahora comprarse en el extranjero dondequiera que sean baratos y abundantes y pagarse enviando oro a cambio, en lugar de otros bienes, ya que todo lo demás, excepto el oro, ha subido de precio. Los precios se fijan en términos de la moneda depreciada en el mercado nacional, pero al tipo antiguo en el extranjero. Por lo tanto, las reservas de oro del país se agotan en esta segunda etapa, y bajo el sistema existente antes de la guerra, cuando el público tenía derecho a pedir oro a cambio de billetes y cheques, la relación entre el "efectivo" y el crédito (depósitos totales) en los bancos se redujo en última instancia por debajo del límite que el banquero consideraba esencial para su solvencia.

3. El banquero disminuye ahora la cantidad de dinero existente al no renovar sus préstamos con la misma rapidez con que son reembolsados. Estos préstamos, contraídos en un período de alza de precios, tienen que devolverse ahora en un período de caída de precios, de modo que, debido al cambio en el poder adquisitivo del dinero y al margen de los intereses pagados por el préstamo, los bienes y servicios

a los que tienen que renunciar los prestatarios para obtener el dinero con el que devolver el préstamo deben ser siempre, por término medio, mayores que los que obtuvieron con el dinero que se les prestó. Antes de que pueda pagarse una parte considerable de estos préstamos, resulta imposible obtener el dinero, es decir, vender bienes, salvo con una pérdida ruinosa para los productores. De ahí que muchos de ellos se vean abocados a la quiebra. Sus garantías son vendidas por el banco o, si no alcanzan para pagar el préstamo, se las apropian. En este sentido, los prestatarios que han sido más meritorios y cuyos activos valen más que los de aquellos que han sido menos eficientes y cuidadosos en la gestión de sus negocios, son los primeros perjudicados. Son vendidos y arruinados cuando aquellos cuyos activos no podrían satisfacer las reclamaciones del banco tienen una mejor oportunidad de escapar con la esperanza de que pueda valer más la pena venderlos más tarde.

Cómo se distribuyen las pérdidas

En (1), el dinero creado por los bancos es pagado por toda la comunidad mediante la pérdida del poder adquisitivo del dinero preexistente. Todos los contratos de pagos periódicos futuros por servicios, como sueldos, salarios, intereses y rentas, y los fijados por ley o costumbre, como tarifas de transporte, servicios postales y honorarios profesionales, quedan viciados en perjuicio de los que reciben el dinero, mientras que los que reciben estos servicios obtienen un beneficio no pactado, exactamente igual que si se hubiera producido una contracción universal del peso de la libra, del volumen de la pinta o de la longitud de la yarda. Este es el periodo de inflación en el único sentido que tiene el término, es decir, el periodo en el que el valor del dinero sufre un envilecimiento.

En (2) hay una profunda perturbación internacional que pone en peligro las relaciones amistosas entre las naciones y que todavía tenemos que analizar con más detalle. Bajo (3) tenemos el período deflacionario, cuando el valor del dinero está volviendo al valor en oro que tenía originalmente. Se produce una parálisis económica general debido a que los esfuerzos de los deudores por pagar sus deudas destruyen los medios de pago. En todo el sistema se ha perdido de vista el propósito fundamental del dinero. En lugar de ser un medio que permita a una comunidad transmitir libremente bienes y servicios del productor al consumidor y usuario final, se han sacrificado los intereses de toda la comunidad para permitir a los bancos prestar más dinero del que existe en forma física o tangible. No existe la menor razón por la que no deba existir tanto dinero como requiera la economía del país, siempre y cuando se emita sólo cuando haya riqueza adicional a la espera de ser vendida. La situación ha surgido por la incapacidad de la nación para ejercer su prerrogativa sobre la emisión de dinero y por la preferencia de los bancos por un método que evita la emisión de recibos nacionales apropiados, o cualquier cosa a cambio, a aquellos que han renunciado a bienes y servicios por el dinero. Tampoco existe la menor razón para la existencia de la banca tal y como se ha convertido en la actualidad, independientemente de lo que ocurriera hace dos siglos. El público es propietario de los bienes y servicios que el banquero grava sin proporcionar nada a cambio del gravamen y paga por la emisión privada de dinero al verse privado de los beneficios de la emisión, así como por el aumento de precios que el modo incorrecto de emitirlo conlleva.

Terminología monetaria fraudulenta

Toda la terminología del sistema está invertida. Así, el crédito bancario, cuando la contabilidad se hace en bienes y servicios y no en cifras, debería ser deuda bancaria, la deuda de los bancos con la comunidad por los bienes y servicios que los bancos han cobrado a la nación al permitir a los prestatarios sin recursos obtenerlos sin pagar. De nuevo, en la importantísima relación entre el efectivo y el crédito, que en diferentes épocas ha variado desde el quince por ciento hasta probablemente un siete por ciento o menos, ambos términos son falsos. Podemos posponer la consideración del segundo, que es simplemente *la suma* de la cuenta corriente y los "depósitos" a plazo, y es realmente la deuda del banco con sus depositantes por dinero a la vista *y* con la debida antelación. Es el crédito del público y la deuda de los bancos. Pero en lo que se refiere al "efectivo", como ya sabe el más novato, incluso la mayor parte de este "efectivo" es creado ahora por el Banco de Inglaterra, contabilizándose como "efectivo" las deudas de este último con los bancos de la cámara de compensación. Podemos posponer también la consideración más cercana de esto para más adelante. Bajo la protección del Gobierno, este banco parece creer que es una gran broma embaucar al público.

El sumidero de oro

Los dispositivos para jugar con la moneda y hacer que un mínimo de dinero nacional genuino fuera la base para el apoyo de, probablemente, una pirámide invertida de diez a veinte veces mayor de dinero que aparece y desaparece mágicamente llamado "crédito bancario", y el método de regulación del dinero total existente por el Banco de

Inglaterra, eran de un carácter brutal y totalmente cruel. El drenaje de oro del Banco de Inglaterra bajo (2) "automáticamente" resultó en una reducción de la cantidad total de dinero existente de diez a veinte veces la cantidad de oro retirado. Por cada chelín o dos de oro que salía del país sin ser reemplazado, se destruía una libra esterlina porque los bancos pedían arbitrariamente a sus prestatarios que devolvieran sus préstamos, lo cual, como hemos visto, era imposible. La invención de una nueva moneda, como una deuda de con el banco emisor que nunca podría ser reembolsada, porque el reembolso destruía la moneda y los medios de pago, puso todo el sistema productor de riqueza del mundo en manos del banquero. A partir de entonces, el mundo estuvo en su poder absoluto.

Los males de la auténtica usura en la Edad Media, por la escasez de los metales preciosos y la insuficiencia del medio de cambio, clamaban al cielo pidiendo reparación. Pero el usurero genuino renunciaba al menos a lo que prestaba y por lo que recibía intereses, mientras que el banquero no lo hace, sino que grava los bienes y servicios de la nación por lo que finge prestar y por lo que recibe intereses. Ya es bastante malo estar en las garras del prestamista que presta su dinero, pero es un millón de veces peor estar en las garras del pretendido prestamista que no presta su propio dinero, sino que lo crea para prestarlo y destruye los medios de devolución tan rápido como los deudores consiguen devolverlo. Se trata de una entrega de los poderes de vida o muerte sobre la vida económica de la nación en manos de impostores irresponsables.

La connivencia del Gobierno

El hecho de que el Gobierno siempre ha participado en esta abrogación de su función se reveló de la manera más clara al estallar la guerra, cuando, por primera vez en la historia, el control de los bancos sobre la industria se relajó repentinamente, y se permitió al sistema económico trabajar todo sobre la producción con el propósito de la destrucción bélica. Los motores del sistema monetario se invirtieron silenciosamente antes de que se hubiera disparado el primer tiro. Las naciones comprometidas en una lucha mundial a muerte con otras naciones no pueden permitirse permanecer paralizadas en la tela de araña de la financiación bancaria. Entonces se ordenó a los bancos que prestaran sin límite para financiar la producción de municiones, y el Gobierno se comprometió a imprimir y emitir para ellos los conocidos "Bradburies" o Billetes del Tesoro Nacional, en denominaciones de £1 y 10s., según fuera necesario para preservar su solvencia y la segura proporción del diez por ciento entre efectivo y crédito, independientemente de la cantidad de crédito que emitieran. La espantosa subida de los precios fue, por supuesto, atribuida por todos los gramófonos de la City a la avalancha de papel moneda emitido por el Gobierno.

De este modo, mediante la impresión y emisión de trescientos o cuatrocientos millones de billetes del Tesoro, la cantidad total de dinero pasó de unos£ 1.200 millones en 1914 a unos 2.700 millones de libras en 1920, es decir, más del doble. El valor de una libra esterlina en mercancías cayó a menos de la mitad de lo que podía comprar antes de la guerra. El aumento de la Deuda Nacional, debido a la guerra, unos£ 8.000 millones, se contrajo en su mayor parte en este dinero devaluado, y si el dinero se hubiera emitido correctamente la deuda *no habría ascendido a la mitad de esta suma.*

El Comité Cunliffe

Pero antes incluso de que terminara la guerra, ya se habían dado los pasos astutos necesarios para volver a atar a la nación en la tela de araña de las finanzas bancarias. Se creó el famoso Comité Cunliffe para asesorar sobre el sistema monetario de la nación cuando se restableciera la paz . Estaba compuesto, con la excepción de un economista académico ortodoxo -como todos los demás de aquella época que seguían sin criticar en absoluto la honradez de la profesión bancaria-, enteramente por los propios banqueros y por funcionarios del Tesoro que trabajaban mano a mano con ellos. Es significativo de las estrechas relaciones entre el Gobierno y la profesión bancaria que varios funcionarios del Tesoro hayan abandonado desde entonces el Gobierno para convertirse en directores de banco, incluido aquel cuyo nombre el público asoció con la Nota del Tesoro. El Comité no contenía ni un solo representante de los intereses de los consumidores o de los productores, en cuyo beneficio, y no en beneficio de la profesión bancaria o del Tesoro, existe realmente el dinero. Tampoco contenía un solo reformista monetario, aunque, incluso entonces, Arthur Kitson había estado exponiendo los males del sistema monetario de la nación durante más de veinte años, y había predicho correctamente las consecuencias inevitables de permitir que los banqueros reanudaran su control sobre el mismo.

La primera recomendación de este Comité fue el pronto retorno al patrón oro y, la segunda, que los Billetes del Tesoro Nacional fueran retirados y sustituidos por billetes de banco. El efecto que se pretendía con la primera recomendación era perfectamente comprensible para el agente de bolsa o el administrador de fincas, cuyo trabajo consiste en estar al tanto de estos asuntos en interés de sus clientes, a través de . Significaba que la Deuda Nacional, cuya abrumadora proporción estaba contraída en una moneda devaluada, debería ser reembolsable, en cuanto a principal e intereses, en moneda de oro por valor de más del doble. Los franceses sabían todo esto, y es ocioso pretender que los expertos británicos no lo supieran. Se justificó como "corrección" de la inflación de guerra, cuando todos los acreedores de las naciones antes de la guerra habían sido estafados a través de los bancos que pretendían prestar, y no prestar sino crear, unos mil quinientos millones para financiar la producción. Esto nunca habría ocurrido si los préstamos hubieran sido auténticos, que al estallar la guerra no habrían tenido la más mínima dificultad en obtener del público. El Comité Cunliffe propuso corregir este error con otro peor: la estafa universal de los deudores en beneficio de los acreedores de guerra, ya que las deudas y sus intereses no se pagan realmente en libras, sino en los bienes y servicios que se compran con las libras. Pero todo esto es ahora de dominio público, y sórdido más allá de la ocultación.

Deflación

El Informe del Comité Cunliffe fue aprobado y el Gobierno de coalición de 1920 empezó a ponerlo en práctica. La ruinosa etapa de deflación, N°. (3) del ciclo, sumió a toda la nación en una parálisis económica de la que apenas ha dado muestras de recuperarse. Aparte de la destrucción física y la pérdida de vidas y salud entre los combatientes reales durante la guerra, y las pérdidas financieras sufridas por la clase puramente rentista a causa de la inflación, el país al firmar la paz se encontraba en una condición de prosperidad económica y bienestar gracias a la eliminación temporal del dominio del dinero.

La propaganda más absurda comenzó ahora en la prensa, exhortando al público a producir más y consumir menos una semana, y la siguiente, a trabajar poco tiempo y compartir el trabajo con el compañero. Los bancos comenzaron repentinamente a contraer créditos con el objeto de aumentar el valor del dinero y bajar los precios, sin inmutarse por la creciente ola de bancarrotas y desempleo. Pero, aunque les resultó bastante fácil producir la ruina y la miseria universales, bajar los precios no fue tan fácil, ya que el país producía y consumía cada vez menos al precio anterior con la menor cantidad de dinero existente , en lugar de lo mismo que antes a precios correspondientemente más bajos.

La razón principal es que la bajada de precios implica la correspondiente bajada de sueldos y salarios, a la que se oponen eficazmente los sindicatos y las organizaciones profesionales. Los más débiles se ven abocados a la ruina y pierden su empleo, por lo que se convierten en una carga para el contribuyente, mientras que los que conservan su empleo se benefician en consecuencia de cualquier bajada de precios que pueda forzarse. De hecho, los brutales métodos del patrón oro eran demasiado obsoletos para reducir el nivel de precios de forma efectiva después de la guerra. Sus principios eran entonces tan bien comprendidos por los consejeros económicos de la patronal industrial y del laborismo como por la jerarquía financiera. Además, en una época de abundancia como la que ha inaugurado la ciencia, ya no es posible utilizar el arma desnuda de la inanición para reducir a los trabajadores recalcitrantes a un nivel de vida más bajo, como ocurría hace un siglo.

Tampoco es posible esperar que los empresarios se dediquen a la producción cuando se les dice que, antes de que su producto salga al mercado, los precios habrán caído por debajo de lo que cuesta fabricarlo.

La vuelta al oro

Pero en 1925 se consideró que la política de deflación había logrado su objetivo lo suficiente como para arriesgarse a restablecer el patrón oro, en lo que respecta a las divisas. La Ley sobre el patrón oro de 1925 permitió comprar lingotes enteros de oro de unas cuatrocientas onzas troy de peso al precio del oro de antes de la guerra. Esto dio abiertamente una recompensa a los importadores de mercancías del extranjero, invitándoles a utilizar nuestras existencias de oro , con las que se les proveía a un precio muy inferior a su precio de mercado, para exportar a cambio de mercancías extranjeras que compitieran con las del mercado nacional. Los costes de los productores nacionales se realizaban, por supuesto, en la aún depreciada moneda nacional, mientras que los de los extranjeros se pagaban en unidades de oro de poder adquisitivo muy superior. Probablemente se trató de un último esfuerzo desesperado de los banqueros para acabar con la resistencia a su política de bajada de precios, sometiendo el mercado nacional a la competencia extranjera, pero no pudo durar ni duró mucho.

Verdadera traición azul

La segunda recomendación del Comité Cunliffe se llevó a cabo mediante la Ley de Moneda y Billetes de 1928 del último Gobierno conservador. Este, como se verá, cambio fundamental de la Constitución británica no se convirtió en modo alguno en una cuestión política. El Gobierno, como auténtico defensor del Rey y de la Constitución, autorizó discretamente, y con el mínimo alboroto, la retirada de los billetes del Tesoro Nacional que llevaban la cabeza del Rey y su sustitución por billetes que llevaban la Promesa de Pago del Banco de Inglaterra. En el mejor de los casos, esta promesa podría tener muy poco significado, ¡pero se convirtió en totalmente falsa cuando el Gobierno de Coalición de 1931 abandonó el patrón oro! La decisión de hacerlo fue tanto más sorprendente cuanto que la razón ostensible del Gobierno de Coalición era evitar que tal "calamidad" se abatiera sobre la nación. Esa, al menos, fue la razón esgrimida durante una campaña electoral basada aún menos en la verdad y la realidad de lo que ahora es habitual.

La Ley de 1928

La ley de 1928, "considerando" los billetes del Tesoro como billetes de banco, hizo una provisión en para su sustitución por una emisión "fiduciaria" de 260 millones de libras de billetes del Banco de Inglaterra por encima de la reserva de oro, con una provisión para el aumento o disminución de esta emisión por consulta entre el Banco y el Tesoro, siendo posteriormente aumentada en 15 millones cuando el patrón oro fue abandonado en 1931. Mucho se dice en esta ley sobre la responsabilidad puramente nominal del Banco por esta emisión y poco sobre los beneficios de la misma, pero parece claro que los beneficios netos, según lo acordado entre el Banco y el Tesoro, se entregan a la nación. Este es el espadín para pescar una caballa, como veremos en el próximo capítulo, cuando tratemos de la secuela inmediata. En 1932, sobre la base del aumento de 15 millones de libras esterlinas, los intereses bancarios pudieron aumentar su participación en los valores negociables de la nación, o en los "préstamos" que devengan intereses, en la friolera de 300 millones de libras esterlinas. La Ley de 1928 marca un segundo paso fundamental en la evolución de la emisión privada de moneda, el primero de los cuales se dio cuando los primeros orfebres encontraron "seguro" (para ellos) emitir billetes de banco, o promesas de pagar oro a la vista muchas veces por encima del oro que poseían. Estos rápidos cambios recientes han aclarado en gran medida la verdadera cuestión en juego y han hecho posible llevarla a la nación más allá de la posibilidad de que sea tergiversada.

¿Qué es el dinero auténtico hoy en día?

En este capítulo ha sido necesario entrar con cierto detalle en los cambios caleidoscópicos que el cuerpo empírico de reglas que cumple la función de nuestro sistema monetario ha experimentado desde el estallido de la guerra, aunque gran parte de ellos son familiares para el lector ordinario. Pero esta historia ha obligado a aplazar hasta el próximo capítulo algunas de las consideraciones más interesantes y cruciales que subyacen a estos cambios. En la situación actual, el dinero ya no se parece en nada a lo que era antes. Todas las ideas anteriores sobre el dinero bueno y el dinero malo, sobre el dinero auténtico emitido por el Estado y el dinero privado puesto en circulación por el falsificador, sobre el deber del Estado de proteger a los propietarios del dinero de su manipulación maliciosa y de la degradación de su valor en mercancías, se han ido ahora por la borda. Estamos en una época de "política monetaria" en la que el valor de la moneda se altera continuamente, por los medios bien conocidos por la profesión bancaria, para hacerla valer menos o más, y así subir o bajar el nivel de precios. Estabilizar su valor es totalmente imposible sin destruir por completo las pretensiones en las que se ha apoyado el sistema bancario, mientras que, si se pusiera fin a éstas, su valor volvería a ser tan estable como antes. En todo esto no se tienen en cuenta ni un momento los principios más elementales de justicia para con los propietarios del dinero, que renuncian por él a bienes y servicios valiosos y tienen derecho a recibir de nuevo un valor equivalente al que han renunciado.

CAPÍTULO IV

DINERO COMO AHORA ES

Ilusiones monetarias

La ventaja del dinero al uso, que permite expresar todos los valores económicos en términos de una unidad común, es uno de los mayores inconvenientes para comprender su verdadera naturaleza. Todas las transacciones económicas de las que se ocupa el ciudadano de a pie se traducen y contabilizan siempre primero en unidades monetarias. De hecho, las unidades monetarias se utilizan a menudo sin ningún calificativo tanto para el dinero como para aquellas formas de propiedad o deudas que son fácilmente convertibles en dinero. La definición de dinero en este libro es que se trata de la deuda contraída con el propietario por un determinado valor de bienes comercializables obtenibles a la vista en el país en el que el dinero tiene curso legal para el pago de la deuda. El hecho de que los ciudadanos de a pie nunca hayan consentido el intercambio inicial que crea el dinero en primera instancia les ha impedido ver su importancia nacional vital. Como todas las deudas se contraen y se expresan en unidades monetarias, no comprenden la importancia de la relación deuda-crédito por la que el dinero mismo cobra existencia. El "crédito de la nación" no es meramente su poder de endeudarse por dinero con sus ciudadanos individuales, sino que incluye también su poder de endeudarse con sus ciudadanos individuales por bienes y servicios reales, que es donde se origina el propio dinero. El hecho de que la deuda contraída por la nación con los ciudadanos sea en bienes y servicios y no en dinero no altera el signo de la transacción. Sólo parece hacerlo porque los vendedores que reciben dinero nuevo a cambio de riqueza a la que han renunciado se consideran pagados, mientras que a ellos no se les paga sino que se les debe.

Todo el dinero entregado por ciudadanos individuales a la nación a cambio de títulos de la Deuda Nacional pertenece, como es lógico, a la nación que contrae la deuda, mientras que los bienes y servicios entregados por ellos a cambio de papel y crédito monetario creado por los bancos era contabilizado por nuestro sistema monetario, hasta la Ley de 1928, como perteneciente al emisor del dinero. Lo extraordinario es que uno buscaría en vano cualquier ley que sancionara esta contabilidad en lo que respecta a la mayor parte, a saber, la emitida como crédito bancario.

Una distinción sin diferencia

Se objetará, por supuesto, que los bancos no reclaman ni han reclamado nunca la propiedad permanente del dinero que emiten. Pero en economía práctica ya no hay ninguna distinción importante en este sentido entre una suma de dinero y los ingresos que produce. El propietario de un título de la Deuda Nacional es realmente el propietario de los ingresos anuales que produce. Si se trata de£ 100 al año y el interés es del cuatro por ciento, es canjeable por alrededor de 2.500 libras esterlinas, si es del cinco por ciento por 2.000 libras esterlinas, y así sucesivamente. Disfrutar permanentemente de los ingresos anuales es, en la práctica, lo mismo que ser propietario del capital. Lo mismo ocurre con los aproximadamente 2.000 libras esterlinas creados por el crédito bancario, que produce a los bancos unos ingresos anuales a un tipo bancario del cinco por ciento de 100 millones de libras esterlinas al año. De esto han estado disfrutando desde que emitieron el dinero y todavía no muestran ninguna disposición a entregarlo voluntariamente a la nación. Por lo tanto, es una argucia argumentar que no son propietarios del dinero que han creado. Si se sustituyera por dinero del Estado, el Estado también podría elegir si recibe la suma de capital, o la presta y obtiene los intereses de ella, si incurre con ella en 2.000 millones libras de nuevos gastos, o si elimina esta suma de la Deuda Nacional y ahorra al contribuyente 100 millones de libras al año. Éstas son sólo dos de las muchas formas similares en que la nación sería más rica si los bienes y servicios que sus ciudadanos ceden a cambio de dinero fueran propiedad de la nación y no de los bancos.

Para poner fin a una situación como la actual, basta con que el público contemple el dinero, no desde el punto de vista del emisor, que recibe bienes y servicios a cambio de él *gratuitamente*, como se le ha enseñado con tanta insistencia, sino desde el punto de vista del usuario, que primero tiene que entregarlos a cambio de dinero antes de poder obtenerlos de nuevo. La contabilidad debe comenzar una etapa antes que dinero para cubrir la transacción por la que se originó el dinero. Si se hace así, no se podrá justificar la afirmación de los bancos de que están utilizando su propio crédito y no el de la comunidad. Es cierto que los primeros banqueros pensaban que lo hacían, y sin duda lo hicieron originalmente cuando prestaron parte del oro de sus depositantes. En aquella época, el crédito de los orfebres era mayor que el del gobierno, que consideró oportuno, en caso de necesidad, apropiarse de las reservas de oro de los comerciantes en la Torre sin la formalidad del consentimiento de los propietarios, lo que llevó a estos últimos a buscar un "banco" más seguro.

Los intereses creados en la creación de dinero

Pero cuando empezaron a prestar no oro, sino promesas de pago en oro o, más tarde, bajo el sistema de cheques, cheques, que son reclamaciones de dinero al banco, los bancos empezaron a apropiarse de un crédito que no era suyo, sino que pertenecía a la comunidad, que tuvo que ceder los bienes y servicios equivalentes a aquellos a quienes los bancos concedieron el "crédito" en primera instancia. Ahora el argumento ha cerrado el círculo. La invención del dinero a crédito permitió a la profesión bancaria apropiarse como propia esa parte del crédito de la comunidad que se ha denominado la Riqueza Virtual, y esto, implicando como implica el poder de crear dinero de la nada, no podía dejar de resultar un negocio extraordinariamente rentable que ahora se ha convertido en un gigantesco interés creado.

Los escritores sobre el dinero, desde el punto de vista convencional o de los emisores, argumentan ahora, por ejemplo, que los bancos están en su derecho en tiempos de depresión económica, cuando nadie quiere pedir prestado su dinero a ningún precio, y tienen más "efectivo" del que corresponde con la proporción segura del diez por ciento de sus depósitos totales, si compran propiedad perteneciente al público con el dinero que emiten, una transacción apenas distinguible de las operaciones del falsificador. Esto se denomina "Operaciones de mercado abierto" y, fiel a la fraseología bancaria, este método de adquirir los valiosos valores negociables de la nación mediante la emisión de nuevo dinero sigue llamándose técnicamente "préstamo", en lugar de robo.

Operaciones de mercado abierto

Cuando un ciudadano ordinario compra valores, su reserva de dinero disminuye, pero con el banquero ocurre exactamente al revés. Aumenta la cantidad de dinero que emite comprando igual que prestando. Lo destruye de nuevo vendiéndolo como si pidiera un préstamo. Para que los ciudadanos de a pie entiendan esto, deben verlo de esta manera. El sistema bancario es ahora una corporación que tiene un interés creado en la emisión de unas nueve veces más dinero del que tiene en "efectivo", y si los prestatarios solventes no se han recuperado todavía lo suficiente de haber caído en la trampa de la deflación, y no pueden o no quieren pedirles prestado esta emisión, entonces los bancos están en su derecho de comprar para sí mismos en el mercado abierto inversiones que produzcan ingresos, pagándolas con sus propios cheques. Los vendedores ingresan estos cheques en sus respectivos bancos, creando allí depósitos, hasta que se alcanza la proporción segura entre efectivo y depósitos.

En efectivo

Pero, ¿qué es ahora el "efectivo"? En el lenguaje bancario, "efectivo" es dinero de curso legal más créditos en el Banco de Inglaterra. Veamos cómo funcionó esto en 1932, justo después de que abandonáramos el patrón oro y la "política monetaria" se dirigiera a subir los precios y hacer que el valor del dinero de todo el mundo valiera menos en bienes, repudiando así parte de la deuda de la nación en bienes y servicios a los propietarios del dinero. Comenzó cuando el Tesoro acordó con el Banco de Inglaterra y le autorizó a emitir£ 15 millones más de sus billetes Promise to Pay, bajo la Ley de 1928. El beneficio neto de esta emisión, cualquiera que haya sido, el Tesoro presumiblemente fue pagado, y en esta medida el contribuyente se benefició. Entonces el Banco de Inglaterra aumentó sus "préstamos" (fraseología bancaria) adquiriendo para sí 32 millones de libras de valores negociables de la nación, y entró en el disfrute de los ingresos de los intereses que producen, pagando por ellos con cheques. Sea o no una invención lo de la anciana que sobregiró su cuenta y envió al banquero un cheque por el importe, no cabe la menor duda de que éste era el método normal, natural y regular de la vieja dama de Threadneedle Street.

Los vendedores de estos títulos pagaron a su debido tiempo estos cheques a sus bancos, y éstos los devolvieron al Banco de Inglaterra, aumentando así sus créditos en el Banco de Inglaterra, que figuran como "efectivo", en£ 32 millones. Esta gran entrada de "efectivo" les permitió aumentar sus "préstamos" en aproximadamente 267 millones de libras esterlinas, gran parte del aumento probablemente debido - en la condición todavía parlous de los prestatarios dignos de crédito todavía insuficientemente recuperados de ser deflactados- a "operaciones de mercado abierto". De modo que, entre febrero de 1932 y febrero de 1933, pudieron mostrar un aumento de sus "depósitos" de casi 300 millones de libras esterlinas. Después de eso, se volvió bastante ruinoso ir a Suiza de vacaciones, o a cualquier otro país del patrón oro, debido a que el "cambio" estaba en nuestra contra. En el momento de escribir estas líneas (1934), la libra esterlina en los países que todavía utilizan el patrón oro vale unos 12 céntimos. Pero los bancos entre ellos "adquirieron" unos 300 millones de libras esterlinas de los títulos productores de ingresos de la nación -o los ingresos equivalentes de sus prestatarios en la medida en que hayan tenido éxito en prestar realmente el nuevo dinero que emitieron- en el primer año después de salir del patrón oro.

Los bancos ahora crean dinero para gastarlo ellos mismos

De este modo se elimina hasta el último vestigio de la excusa de que los bancos, al "ayudar" a la industria mediante préstamos ficticios, prestan un servicio público, ya que, al haber puesto *fuera de combate a* las industrias nacionales mediante la deflación y la retirada repentina de su "ayuda", para volver a inflar la concertina monetaria, al no haber ahora nadie más a quien "ayudar", tienen que recurrir a ayudarse a sí mismos. De hecho, el sistema bancario no es ahora más que un gigantesco interés creado en la emisión real de dinero nuevo por métodos que siguen evadiendo la ley y arruinando primero a los acreedores y luego a los deudores. Según los cánones ordinarios de la moral comercial, no hay la menor diferencia entre crear dinero para prestarlo a otros a cambio de intereses y crearlo para gastarlo uno mismo, y ahora tampoco se reconoce ninguna en la moral bancaria. Por supuesto, todo esto iba acompañado de la habitual propaganda deshonesta destinada a distraer la atención de lo que estaba ocurriendo. Los periódicos llamaban la atención sobre las abundantes facilidades crediticias que estaban ociosas y sin prestatarios, y señalaban con el dedo del desprecio a aquellos que imaginaban que la escasez de dinero pudiera tener algo que ver con la depresión.

El banquero como recaudador de impuestos

La Ley de Moneda y Billetes de Banco de 1928, como se indica en el último capítulo, ha introducido, sin lugar a dudas, desde que el país ha salido del patrón oro, un nuevo principio en la Constitución británica. Antes, la emisión de billetes de banco estaba estrictamente regulada por la ley, pero en cuanto a los beneficios de la emisión la nación no tenía derecho a ellos. Mientras fueran convertibles en oro, el banquero se hacía responsable de la emisión, aunque no daba garantía alguna de su solvencia. A pesar del hecho de que, impedido por la ley de emitir billetes, empezó a prestar talonarios de cheques hasta tal punto que pronto le resultó físicamente imposible cumplir con su obligación, y de que cualquier intento de obligarle a hacerlo por parte de un pequeño sector del público habría sumido a la nación en un pánico financiero, la costumbre mercantil, si no la ley, seguía manteniendo la ficción de que el banquero comerciaba con su propio crédito y lo utilizaba.

La Ley de 1928, que autorizaba la emisión de billetes de banco por el Banco de Inglaterra en sustitución de los billetes del Tesoro Nacional, establecía que los beneficios de la emisión debían ingresarse en el Tesoro. Como hemos visto, la emisión de cualquier forma de dinero crediticio es un gravamen o impuesto forzoso sobre los bienes y servicios de la colectividad al que ésta no puede resistirse ni sustraerse. Sólo el Parlamento tiene derecho a autorizar e imponer tributos, y esta ley permite cuestionar toda la posición constitucional. Por lo que se refiere a la relativamente insignificante emisión de billetes. El Parlamento ha delegado sus poderes en el Banco de Inglaterra, que a este respecto es el recaudador de impuestos autorizado pero no oficial del Gobierno. Porque seguramente, incluso en derecho, no es posible mantener que un impuesto es sólo un impuesto cuando el gravamen se paga en fichas de dinero, y que un gravamen pagado directamente en objetos de valor no es un impuesto. Porque esto sería tan absurdo como sostener que una persona que renuncia al dinero establece un crédito, pero una que renuncia a bienes y servicios de igual valor a cambio de dinero no lo hace.

Incluso en 1928 lo anterior era cierto para todos los ciudadanos de a pie, aunque la Ley de 1925 había otorgado al dinero un grado limitado de convertibilidad en oro en beneficio del comerciante extranjero. Esto, sin embargo, fue eliminado en 1931. Así, por ley del Parlamento, se eliminó la cabeza del rey del dinero de la nación y se sustituyó por la promesa de pago de un banco. Ahora bien, esta "promesa de pago" se remonta a los días en que el billete de banco era a la vez el recibo del oro entregado voluntariamente al banco por su propietario, y su promesa de devolverlo a la vista. Al hacer de curso legal los billetes de Promesa de Pago del Banco de Inglaterra en lugar de los billetes del Tesoro Nacional, la promesa se ha convertido en una promesa falsa. El billete de banco es ahora sólo el recibo autorizado pero no oficial de un impuesto nacional recaudado en nombre del Tesoro por el Banco de Inglaterra. La promesa del Banco de Inglaterra puede ser demostrada como falsa por cualquiera que se preocupe de llevar algunos de estos billetes de 1 libra al Banco y exigir que rediman su promesa de pagar "libras" a cambio de ellos. Es hora de que esta leyenda mentirosa sea sustituida por la verdadera 'Valor Recibido por valor de 1 libra', y es hora de que esta siniestra delegación de los poderes de imposición al Banco de Inglaterra por parte del Parlamento sea cuestionada y revocada, y el billete firmado por la autoridad responsable del Tesoro , como lo eran los Treasury Notes originales.

El espadín para pescar una caballa

Pero, como ya se ha indicado, éste no es en absoluto el verdadero problema, que es el derecho de los bancos, mediante un truco de contabilidad, a crear unas veinte veces más dinero que la cantidad por la que se emiten los recibos de curso legal. Mientras existan fichas físicas no es posible hacerlas inferiores a cero. Pero en contabilidad se puede eludir esta limitación evidente, y en cifras es tan fácil contar en números negativos como en positivos, y no hay, pues, ningún número fijo, como el cero, a partir del cual se empieza a contar. La contabilidad monetaria debe partir del cero de la ausencia de dinero. La cantidad real de dinero está perfectamente definida, ya que es, en unidades de dinero, el valor de las cosas reales que los ciudadanos agregados deben y tienen derecho a recibir a petición a cambio del dinero. La ficción de que sólo el dinero de curso legal es "realmente" dinero, y que las cuentas de cheques no son dinero sino derechos a recibir dinero a la vista, no afecta en lo más mínimo a la cantidad de bienes a los que los ciudadanos han renunciado por él y que se les debe a la vista. El sistema de cheques preserva el cero de la ausencia de dinero de curso legal o de fichas físicas, pero amplía la contabilidad hasta una extensión indefinida y continuamente variable por debajo del cero en la región de las cantidades negativas, o deudas de los bancos por dinero inexistente. Hacer que los bancos guarden libra por libra de dinero nacional contra sus obligaciones con los titulares de cuentas corrientes pondría fin de inmediato a esta contabilidad fraudulenta.

Los bancos no dan ninguna seguridad

Es la más extraña perversión de la justicia común que, mientras que los prestatarios de los bancos tienen que depositar en ellos valiosas garantías, en forma de títulos de propiedad de casas, granjas, fábricas o inversiones, ampliamente suficientes para cubrir la eventualidad de su impago, los bancos, que no confían en nadie, no dan ningún tipo de garantía a sus depositantes. En un caso, cuando a los acreedores les resulta imposible cumplir su obligación, son vendidos y quebrados. En el otro caso, se concede a los bancos una moratoria y se imprime suficiente dinero nacional para permitirles evitar la ruina. La libra por libra de dinero nacional sería la garantía de la nación para su solvencia y podría ser emitida a ellos según sea necesario, contra una garantía colateral adecuada en forma de activos de los bancos para cubrir el préstamo. Pero, de hecho, la mera sustitución del actual sistema monetario privado fraudulento por una moneda nacional produciría un aumento tan casi instantáneo de la prosperidad nacional real que no pasaría mucho tiempo antes de que la industria y la agricultura dejaran de estar endeudadas con los bancos y fueran capaces de crear y acumular su propio capital sin la ayuda, en su mayor parte, de préstamos genuinos o ficticios.

El elemento temporal del dinero

La filosofía del dinero aquí expuesta, considerada desde un punto de vista estrictamente científico, puede decirse que sitúa la diferencia entre los sistemas de trueque y monetarios en el intervalo de tiempo que distingue a los segundos de los primeros, entre la entrega de un tipo de propiedad y su devolución por otro. El dinero puede ser considerado como un reembolso intermedio, pero esto no cubre del todo la cuestión, que es esencialmente temporal. Si, de manera científica, imaginamos que el intervalo de tiempo se reduce continuamente a cero, a partir de un sistema monetario llegamos a un sistema de trueque, y la cuestión es que esto no es posible. Si cometemos el error de suponerlo así, sería lo mismo que suponer una comunidad de intercambio por trueque en la que tan pronto como un tipo de producto estuviera listo para su uso o consumo apareciera automáticamente en el mismo lugar y en el mismo momento un valor exactamente equivalente del tipo que el productor quería a cambio. Mientras que, como sabemos, existen consideraciones como la época de siembra y cosecha en el caso de los productos agrícolas y sus equivalentes en la producción industrial, así como que el productor nunca sabe con exactitud cuáles serán sus necesidades en el intervalo entre ambas. El dinero salva esta distancia porque proporciona los medios de obtener continuamente lo que se necesita para el uso y el consumo, independientemente de la naturaleza espasmódica de la producción o, por costumbre, del pago (sueldos, salarios, dividendos) por dedicarse a la producción.

La circulación del dinero

Los economistas ortodoxos parecen ignorar los procesos técnicos y biológicos de creación de riqueza, y los principios que regulan su consumo y uso, en su preocupación casi exclusiva por la función totalmente subordinada del intercambio o comercio, contra la que Ruskin en su día despotricó en vano. Aquí, como él lo expresó, "por cada más hay un menos", una parte del intercambio simplemente renuncia a lo que la otra obtiene. En la llamada "teoría cuantitativa del dinero" intentaron hacer que el valor de cambio del dinero dependiera inversamente de su cantidad "en circulación" y directamente de su "velocidad de circulación". Sus intentos de determinar la primera se toparon con la dificultad casi insuperable en un sistema monetario de emisión privada de estar seguros exactamente de cuál podría ser la cantidad existente en cualquier instante, por no hablar de la cantidad "en circulación", y dependían para ello de las cifras que la profesión bancaria deseara que el público creyera, además de seguir de forma poco inteligente los propios métodos de los banqueros para llegar a la información. Éstos parecen cometer un error radical, que todavía no se ha analizado, al agrupar la cuenta corriente y los depósitos a plazo, y al confundir la distinción entre ambos. En cuanto a la segunda, parecen ignorar los factores temporales de la producción que el dinero tiene por función compensar, y escriben como si fuera la velocidad de circulación del dinero la que determinara la tasa de creación de riqueza, en lugar de ser ésta el factor esencial al que *debe* ajustarse la *circulación* del dinero. El mero hecho de que el dinero cambie de manos, alterando de un momento a otro la identidad de los individuos con dinero y sin bienes o con bienes y sin dinero -el comercio en suma, incluyendo en el término todas las transacciones bursátiles, inmobiliarias y otras que implican el intercambio de bienes acabados- no es circulación en absoluto. Este término debería limitarse a los pagos mencionados anteriormente para participar en la producción, el retorno al sistema de producción del dinero pagado, a cambio del producto, y su paso a través del sistema de producción hasta que se paga de nuevo y se completa el círculo.

No es necesario ir más lejos en la consideración de esta vieja "teoría cuantitativa" del dinero, porque ya se ha dicho lo suficiente para demostrar que en realidad es un fraude.

En la práctica no se conocía ninguno de los dos factores que supuestamente determinaban el valor de cambio del dinero, sino sólo su producto, y éste, por definición, era simplemente el total de dinero intercambiado por mercancías al año, o "el volumen del comercio". Dividiendo, en este caso, la cantidad de dinero por la cantidad de mercancías se obtiene el precio medio de las mercancías, o el índice de precios, una cifra puramente estadística que no depende en absoluto de ninguna teoría. Puede afirmarse de inmediato que ninguna teoría cuantitativa del valor del dinero puede aplicarse cuando la cantidad de dinero existente varía arbitrariamente, creada posiblemente para permitir que la gente juegue con márgenes en la Bolsa, posiblemente retirada de la producción con este propósito, y de nuevo posiblemente no. Es como tomarse en serio un conjunto de cifras estadísticas a lo largo de un período en el que las unidades de cálculo nunca son las mismas de un momento a otro, o un conjunto de mediciones en el que alguien altera arbitrariamente la calibración de los instrumentos de medición para que siempre den una lectura errónea.

El valor del dinero o nivel de precios

Al considerar el dinero como esencialmente crédito en primera instancia, la cantidad de dinero es simplemente la cantidad de bienes y servicios con los que sus propietarios están acreditados, es decir, de los que voluntariamente prescinden, y que llamamos la Riqueza Virtual de la comunidad. En sí misma es una cantidad, no una tasa como el volumen de comercio, y, sin complicación alguna, el valor de cambio del dinero es la Riqueza Virtual dividida por la cantidad de dinero, y el índice de precios o nivel de precios es proporcional al recíproco de ésta. Sólo puede cambiar (1) en virtud de que haya más o menos dinero en existencia o (2) en virtud de que la comunidad, en el sentido del agregado de sus miembros individuales, elija prescindir y ser acreditada con menos o más bienes. La primera es la cantidad física y la segunda la cantidad psíquica. Esta última depende del número de individuos de la comunidad y de sus negocios y hábitos y costumbres domésticos, que son conservadores. Es inconcebible, si la cantidad de dinero fuera razonablemente constante, que la Riqueza Virtual pudiera estar sujeta a cualquier cambio violento, excepto por algún cataclismo natural o humano de gran alcance. En la medida en que la cantidad de dinero existente cambia violenta y repentinamente, produce repercusiones violentas sobre el nivel de vida y la prosperidad general, y sobre la cantidad de bienes y servicios de los que la gente puede permitirse abstenerse. Pero dado que la causa de esto es puramente externa, arbitraria y *evitable*, no parece haber razón para discutirla y elaborar en exceso la sencilla concepción que aquí se expone. El propósito de este libro es más bien aplicarlo a un auténtico sistema monetario que utilice fichas físicas reguladas en cantidad para mantener constante el nivel de precios.

Algunos factores monetarios

Pero para poner esta concepción en relación con el intervalo de tiempo que el dinero debe cubrir entre la entrega de un bien y su devolución por otro, es necesario conocer, además de la cantidad de dinero, el "volumen de comercio" o el total de dinero intercambiado en el año por bienes. Si llamamos a esto£ V y a la cantidad total de dinero£ Q, entonces Q/V es el intervalo de tiempo necesario, es decir, el tiempo medio que se conserva cada unidad de dinero antes de gastarla. Supongamos que el volumen de comercio, en el sentido definido, viene dado con suficiente precisión por la cantidad de letras, cheques, etc., compensados anualmente por las Cámaras de Compensación Bancaria. En 1928 fue de 44.200 millones de euros (£). La cantidad de dinero en cuentas corrientes en estos bancos para ese año fue de 1.026 de libras esterlinas. Por lo tanto, en lo que se refiere a esta parte del dinero, el intervalo de tiempo medio entre los gastos es bastante más de una cuadragésima parte de un año, u ocho días y ocho horas. Es probable que algo parecido a este período sea cierto para el dinero en general a lo largo de todo el ciclo de producción y consumo. Lo que puede ser para cada mitad por separado sólo puede adivinarse. El tiempo de una circulación completa es el producto de este intervalo medio y el número de intercambios en ambas mitades. Si es correcto que la renta nacional era entonces de unos 4.000 libras esterlinas, el número medio de intercambios en la circulación completa es de una docena.

En cualquier caso, es importante señalar que este intervalo es una cantidad derivada o secundaria, no tan informativa en sí misma como la concepción fundamental de la Riqueza Virtual. Esta última se mide por la cantidad de dinero existente dividida por el índice de precios, y éste a su vez, dividido por la población, da la cantidad media de riqueza (en unidades monetarias reducidas al nivel de precios tomado como patrón) de la que cada individuo de la comunidad prefiere voluntariamente prescindir para poseer dinero. Si se toma como referencia el valor del dinero en 1914 (nivel de precios = 100), en ese año valía algo más de 20 libras esterlinas , y la cantidad de bienes y servicios que representa probablemente varía comparativamente poco por mucho que varíe el índice de precios.

Estas cifras, aunque sólo se dan como indicaciones aproximadas de los órdenes de las cantidades en cuestión, parecen ser muy parecidas a las que podrían haberse adivinado a partir de otras consideraciones.

Una moneda de grano

El hombre no vive sólo de pan, ni siquiera en un sentido económico, pero supongamos, para simplificar, que sí lo hace, y consideremos una comunidad autónoma que produce y consume su propio grano, cosechado, digamos, en septiembre, y llamemos a la cosecha H en valor de unidades monetarias de poder adquisitivo constante. Entonces, sin tener en cuenta la complicación de la cantidad relativamente pequeña de grano que debe reservarse siempre para la siembra del año siguiente, y suponiendo que el consumo se realiza a un ritmo uniforme, la cantidad de grano siempre existente como mínimo debe ser FH, donde F es la fracción del año que queda por transcurrir antes de la cosecha. Así, F es o justo antes y 1 justo después de la cosecha, en marzo $\frac{1}{2}$ en junio $\frac{1}{4}$, y así sucesivamente. Supongamos ahora un sistema monetario simple para distribuir esta cosecha en el que el gobierno emite H unidades de dinero para comprarla en septiembre, y la vuelve a vender a lo largo del año. Entonces, justo antes de la cosecha, la comunidad no tiene dinero ni grano, justo después de cosechar, H de grano y ningún dinero, y, justo después de venderlo, H de dinero y ningún grano. Esto ilustra bien el carácter espasmódico de la producción, que es una de las funciones del dinero. En marzo el gobierno tiene $\frac{1}{2}H$ tanto de dinero como de grano, y la comunidad $\frac{1}{2}H$ de dinero, en junio el gobierno tiene $\frac{3}{4}H$ de dinero y $\frac{1}{4}H$ de grano y la comunidad $\frac{1}{4}H$ de dinero, y así sucesivamente, la cantidad de dinero en los bolsillos de la comunidad siempre iguala en valor a las existencias de grano en el granero del gobierno . Obsérvese, sobre todo, que el gobierno sólo tiene que *emitir H* unidades de dinero *una vez,* ¡no cada cosecha!

Es interesante saber que algo parecido a este sencillo sistema existe en lo que se refiere a la distribución del grano en Letonia, siendo la emisión, llamada Notas del Tesoro, de 104 millones de Lats (1 Lat = 1 franco suizo, ahora unos quince por libra) y el resto del dinero unos treinta y seis millones de papel y moneda y cincuenta y siete millones de "crédito bancario", con una base de oro de cuarenta y seis millones, en Lats. Cuán infinitamente mejor es esto que cuando el gobierno no emite dinero y los productores, antes de la cosecha, están siempre endeudados por una parte, si no por la totalidad, de la cosecha que, una vez recogida, reembolsa su deuda y les deja de nuevo endeudados durante todo o parte del período que precede a la siguiente. El hecho físico esencial es que siempre debe haber *FH* de grano en existencia, o la comunidad se quedará corta o se morirá de hambre antes de la próxima cosecha, y este hecho no se ve alterado por la financiación bancaria, cuyo único propósito social es mantener a los productores de riqueza endeudados para asegurarse de que trabajan duro para devolverla y no holgazanean. Eso puede ser o no una necesidad económica pero, si lo es, deberían estar endeudados consigo mismos, y *eso* es lo que realmente es el dinero y lo que hace, sea quien sea quien lo emita.

Economizar en el uso del dinero
El dinero ahora es falso

La ironía de la situación es que los métodos inventados por el viejo banquero para "economizar en el uso del oro para la moneda", creando dinero sin oro, deben ser utilizados ahora por el Estado para economizar en la necesidad del banquero (en el sentido moderno de acuñador de moneda) si el Estado ha de seguir existiendo excepto como perquisito de la profesión de acuñador. La idea de economizar en el uso de la moneda data de los días en que se necesitaba una búsqueda larga y precaria de los metales preciosos que costaban por término medio probablemente mucho más de lo que valían. Todo lo contrario ocurre ahora que comprendemos que el dinero de oro y plata sólo encarna de forma burda y elemental el principio de la Riqueza Virtual. El dinero es una deuda de la comunidad con su propietario. El emisor de dinero desaparece de la escena con los bienes y servicios que obtiene a cambio de nada por la emisión y, por mucho que pueda pretender que es responsable de la emisión y el pago de la deuda, la deuda nunca es y nunca puede ser pagada, pero en una era científica sigue aumentando y circulando a través de la comunidad, intercambiando sus bienes y servicios para siempre.

Todavía podemos aprender mucho de la anterior ilustración de sobre la naturaleza de cualquier sistema monetario. En cuanto al hecho de que siempre hay tanto trigo en los graneros del Estado como dinero en los bolsillos de los consumidores, muchos reformadores monetarios han afirmado como una proposición evidente que siempre debería existir tanto dinero como bienes y servicios a la venta, y tendremos que comentar esta proposición más adelante. Pero, en primer lugar, obsérvese que, por término medio, la mitad del dinero del grano, que pasa de cero después de la cosecha a H justo antes de la siguiente, está siempre en las arcas del gobierno, "ocioso y estéril", como habrían lamentado los antiguos banqueros, pero en realidad por la sencilla razón de que entonces no hay grano que obtener a cambio de él.

¿Fichas de dinero o crédito para libros?

Ahora bien, en lo que respecta a un servicio estatal de este tipo, es evidente que el gobierno, en lugar de conservar el dinero que se le devuelve durante el año, podría quemarlo como recibido, para evitar el riesgo de pérdida durante la conservación, y emitir un nuevo lote cada otoño. O, en términos de contabilidad en lugar de contadores, podría emitir un crédito de *H* a los productores por su cosecha y, a medida que se les vuelve a comprar el grano, cancelar el crédito. Esto implica una nueva emisión de crédito cada cosecha y su destrucción a lo largo del año, en lugar de una única emisión de dinero permanente de una vez por todas. En este caso concreto, la contabilidad crediticia es aún más fiel a la realidad física que la otra, , ya que los créditos corresponden siempre al grano no consumido y no hay dinero "ocioso y estéril". Pero es absolutamente esencial observar que, si el grano no fuera en efecto un monopolio gubernamental, sino que lo compraran los mayoristas en la forma ordinaria de hacer negocios en una sociedad individualista, no podrían permitirse cancelar los créditos a medida que revendieran su grano, por la sencilla razón de que no tienen el poder de volver a crearlos en la próxima cosecha. Eso sólo es posible para un gobierno que dirija la comercialización. Es posible para los bancos porque usurpan la prerrogativa de los gobiernos de emitir y destruir el crédito de la comunidad por los bienes y servicios cedidos por ellos. Los usurpadores cobran intereses por endeudar a la gente, mientras que todos los gobiernos democráticos emitirían dinero para no endeudar a la gente si conocieran los rudimentos elementales de su oficio.

Estas observaciones pueden servir también para ilustrar los diferentes puntos de partida de dos escuelas de reformadores monetarios: los que quieren una auténtica moneda nacional permanente emitida por el Estado después de que el aumento de la producción esté listo para su distribución, únicamente de acuerdo con la regulación estadística, para mantener constante el nivel de precios, sin ningún otro obstáculo o impedimento; y los que buscan más bien una modificación y ampliación del sistema de emisión de créditos *ad hoc* para fines de producción definidos, siendo los créditos destruidos y recreados de nuevo en cada ronda del ciclo de producción y consumo.

Las razones por las que en este libro se prefiere el primer sistema son muchas, pero la principal es que un sistema que debe utilizar alguna forma de contadores físicos es mucho menos fácil de falsificar que uno de contabilidad. Además, como ya se ha indicado, hasta que se vuelva a un sistema abierto e inobjetable, y se dé a conocer la experiencia estadística completa del mismo, hay muchas preguntas simples, tales como la cantidad correcta de dinero para una tasa dada de producción y consumo, que realmente no pueden responderse definitivamente, y que, de hecho, parece ser el objetivo del sistema actual hacer incontestable. No sólo de pan vive el hombre, ni siquiera en el sentido económico, y al menos en las comunidades industrializadas modernas, pero también cada vez más en la agricultura modernizada, existe un flujo bastante constante a lo largo del año, a lo largo de todo el ciclo de producción y consumo, de pagos por materias primas, productos intermedios y servicios en la producción, equilibrados por pagos iguales por los productos acabados o por reinversión. Aunque la producción, como en la ilustración, sea espasmódica, los hombres no viven a trompicones. Aunque en los primeros tiempos del dinero a crédito una de sus funciones era facilitar el aumento de la producción, ahora es al revés y el problema es distribuir todo lo que los hombres ya son capaces de producir. estas circunstancias en particular no parece haber razón alguna para que el dinero no sea permanente y físico, evitando así el riesgo de una contabilidad deshonesta que tan fácilmente puede producirse cuando el dinero se destruye y se vuelve a crear continuamente.

¿Debe permitirse ahora el préstamo de dinero?

El siguiente punto de interés es que, aunque el Gobierno, cuando recibe de vuelta el dinero, no puede utilizarlo para comprar grano porque entonces no hay grano que comprar, no hay nada que impida al productor, cuando lo recibe en la cosecha, prestar parte del mismo a interés durante parte del año a otra persona, que no pediría prestado si no deseara gastar. Limitando todavía la consideración al dinero emitido en una comunidad autónoma con el fin de comercializar una sola mercancía, el grano, es igualmente claro que el único grano que el prestatario puede comprar es el que el propio prestamista necesitará más adelante en el año, y si el prestatario lo consume, para que no "quede ocioso en el granero", el prestamista no puede recuperarlo cuando lo desee. Todas estas sencillas consideraciones pueden servir para plantear la cuestión general de la física, si no de la ética, del préstamo de dinero en general, a diferencia de la inversión genuina, cuando el inversor gasta su dinero y sólo puede recuperarlo encontrando a alguien dispuesto a comprarle su inversión. Hay una creciente escuela de pensamiento sociológico, que sigue las mejores tradiciones del medievalismo, contra el préstamo de dinero como tal, en el que el prestamista no asume ningún riesgo, como hace cuando invierte su dinero en una empresa genuina con cuyo éxito o fracaso está ligada su propia fortuna.

Cuanto más se piensa en ello, más parece que incluso el auténtico préstamo de dinero, puro y simple, por muy esencial que sea preservarlo en la etapa de transición a la nueva era para evitar una interferencia demasiado grande y repentina con los hábitos y las ideas comerciales, sería incluso ahora, bajo un sistema de crédito-dinero puro que funcionara correctamente, una redundancia retrógrada, deshaciendo con una mano lo que se hace con la otra. El dinero es en sí mismo una deuda de bienes y servicios, y fuera de la cuestión de asegurar objetos específicos -como permitir a un individuo excepcionalmente emprendedor y capaz llegar más rápidamente a oportunidades de utilidad social- prestar dinero es simplemente crear una nueva deuda monetaria privada entre individuos que, si las circunstancias físicas fueran tales que justificaran la creación de la nueva deuda, debería más bien ser satisfecha mediante la emisión de nuevo dinero. En efecto, nadie toma dinero prestado para atesorarlo, sino sólo para poder consumirlo, normalmente, por supuesto, con el fin de poner en producción una nueva riqueza que sólo estará lista para su consumo o utilización en una fecha posterior. Así pues, una deuda monetaria suele retirar del mercado la misma cantidad de riqueza acabada que si el propietario hubiera gastado él mismo su dinero y consumido lo que compró, mientras que, debido a la laxitud reinante en estos asuntos, se siente en plena libertad de reclamar el préstamo y consumir de nuevo lo que el prestatario ya ha consumido.

El absurdo físico de los préstamos a corto plazo

Independientemente de lo que se piense de los préstamos de dinero por períodos largos definidos, que cubren la reproducción de la riqueza que el prestatario consume, cuando está en condiciones de devolver la riqueza al sistema antes de que el propietario original del dinero recupere su dinero y pueda retirarlo de nuevo del sistema, la práctica de prestar dinero a la vista o con poca antelación es físicamente idiota y debería detenerse. Es simplemente una posibilidad matemática y no física, debido a la cantidad menos variable con la que se cuenta ahora la cantidad de dinero, que el uso de contadores físicos haría imposible. Porque entonces no sería posible, como lo es ahora, que el propietario recuperara de nuevo su dinero sin que otro se desprendiera de él. En tales circunstancias, los reembolsos deben equilibrar los nuevos préstamos, mientras que no es demasiado decir que el objeto mismo del sistema actual es escapar a esta limitación impuesta por el sentido común ordinario.

Cuentas corrientes y depósitos a plazo

Esto puede servir para reintroducir el punto aplazado del último capítulo en cuanto a la diferencia esencial en la contabilidad correcta entre las cuentas corrientes y los depósitos a plazo, que ha sido la práctica del sistema bancario para deslizar sobre y slump juntos. La suma de ambos, o "depósitos totales", representa el dinero que el banco debe a sus depositantes a la vista o a corto plazo. Cuando un cliente transfiere dinero de un depósito a plazo fijo a una cuenta corriente, no se produce ninguna diferencia en la relación "efectivo"/crédito, y parece que algunas de las peores falsificaciones del sistema monetario surgen de este procedimiento bastante injustificadamente laxo. Aunque nominalmente un depósito a plazo sólo puede ser recuperado por el propietario con la debida notificación, ni siquiera se suele insistir en el plazo estipulado. En el peor de los casos, el banco se limita a cobrar un "descuento" por devolver el dinero sin previo aviso, a menos que él mismo se encuentre en dificultades.

Mientras que está claro que si un depositante está recibiendo intereses del banco por su depósito, el banco sólo los está pagando porque él mismo se los ha prestado a algún prestatario, presumiblemente a un tipo de interés más alto. El dinero no está más en posesión del banco que el oro perteneciente a los depositantes permanecía en la caja fuerte de los orfebres cuando lo prestaron a interés. Si el dinero se define como la deuda de bienes y servicios que se debe al propietario del dinero a la vista, entonces, para llegar a la cantidad total de dinero existente, no debemos sumar el dinero de las cuentas corrientes y el de los depósitos a plazo, sino contar sólo el primero. El dinero de los depósitos a plazo fijo ha sido prestado por el banco, que paga intereses al propietario por ello, y aparece en la cuenta corriente o en el depósito a plazo fijo de otra persona.

En este último caso, se aplica la misma consideración al nuevo depósito que al depósito a plazo original. Es decir, para obtener el dinero total existente, sólo hay que contar las cuentas corrientes. Esto supone, como es habitual en este tipo de cálculo aproximado, que el dinero fuera del sistema bancario, en manos del público como fichas físicas, no cambia, pero en cualquier caso es una proporción demasiado pequeña del total como para invalidar la conclusión.

Cómo el banquero evita su propia trampa

Parece probable que este método haya ocultado la espantosa destrucción de dinero que se está produciendo desde que se inició la política de deflación del Comité Cunliffe. Uniendo los dos tipos de dinero, los "depósitos", que son los únicos que figuran en los balances de los bancos, no parecen muy disminuidos. Es cierto que últimamente se han publicado cifras que hacen creer que la relación entre las cuentas corrientes y los depósitos a plazo fijo sólo ha cambiado, desde 1919, de la relación de 2 a 1 de entonces a la de 1 a 1 de ahora. Pero parecen falsas. En la medida en que se puede rastrear su origen, parecen proceder de una tabla publicada en el Informe del Comité Macmillan. Ciertamente, en 1922 el estadístico H. W. Macrosty se quejó de que el sistema bancario británico no publicara estas importantes cifras, y estimó que la proporción era entonces de 5 a 1, como para los ochocientos bancos principales del Sistema Bancario Federal de Estados Unidos.

Sea como fuere, parece que la proporción actual de i a i es la más baja posible. Puesto que los bancos no se atreven a destruir el dinero que les prestan sus depositantes, o ellos mismos caerían en la trampa en la que caen aquellos a quienes han prestado dinero. Estos "depósitos a plazo" pueden ser exigidos por sus propietarios a corto plazo, y para una relación de 1 a 1, puesto que el dinero en cuentas corrientes da el agregado existente, sólo pueden pagarse, salvo volviendo a crear el dinero destruido, transfiriendo la totalidad del dinero en cuentas corrientes existentes a las cuentas corrientes de los propietarios de los depósitos a plazo. La proporción de 1 a 1 a la que se ha llegado mediante la deflación significa que los bancos han dejado en existencia el dinero justo para hacer frente a este pasivo, y si esta interpretación de la situación es correcta, entonces parecería que prácticamente todo el resto del dinero existente ha sido destruido en sus frenéticos esfuerzos por "crucificar al país en una cruz de oro y glut".

CAPÍTULO V

RELACIONES ECONÓMICAS INTERNACIONALES

El dinero MALO embrolla a las naciones

El sistema que se ha desarrollado no podría haber sobrevivido tanto tiempo, o haber permanecido tanto tiempo camuflado como lo contrario de lo que realmente es, de no ser por la complicación introducida en los problemas por las transacciones económicas internacionales. Visto desde el punto de vista de una comunidad autónoma, el patrón oro implica una contradicción casi evidente. Se trata de un sistema en el que se suponía que el dinero tenía un valor constante con referencia al oro y en el que la forma de emitir nuevo dinero era tal que necesariamente reducía en proporción el valor del resto. Puesto que no hay más bienes y servicios a la venta que antes de la emisión, lo que está a la venta se divide entre más unidades monetarias, de modo que cada una vale proporcionalmente menos, y la nueva emisión no hace más que diluir el valor de la antigua. En la práctica, esta contradicción fundamental se resolvió en sus dos partes o fases: el período inflacionista, cuando el nivel de precios se veía forzado al alza por las nuevas emisiones, y el período deflacionista, cuando se veía forzado de nuevo a la baja por la destrucción del dinero. La etapa intermedia, el drenaje del oro fuera del país como el único tipo de mercancía que arbitrariamente se impide que suba de precio, reduciendo así la relación "efectivo-crédito", es la etapa que trae en el aspecto internacional del dinero. El dinero malo en casa embrolla los asuntos de la nación en el extranjero.

Banca internacional

A medida que la inevitable inconsistencia subyacente a su sistema se hizo familiar a la profesión bancaria en diferentes países, creció un sistema correspondiente de banca internacional, trabajando mano a mano con los sistemas bancarios internos, para el beneficio mutuo y la seguridad de ambos. De este modo, ampliaron el área de sus operaciones a todo el mundo civilizado y les resultó mucho más fácil escapar a la detección y el castigo. Mientras que la banca interna enfrenta por turnos a las clases deudoras y acreedoras dentro de la comunidad y las mantiene en perpetua lucha y pobreza, la banca internacional enfrenta al país más pobre con el más rico y, al reducir a este último al nivel del primero, es el verdadero agente que fomenta y perpetúa el nacionalismo agresivo del que surgen los conflictos internacionales. *El dinero, dicen los prestamistas, debe encontrar su propio nivel. Al hacerlo, arrastra hasta el nivel más bajo los niveles de vida tanto de los individuos como de las naciones.*

En la fase inflacionista, la exportación de mercancías se hace difícil y poco rentable, debido a los altos precios y a la abundancia de poder adquisitivo en el mercado interior. Mientras que la importación de mercancías, para corregir la escasez de riqueza acabada, resultado de haber sido entregada *gratuitamente* a los productores para que la hundan en la producción futura, se ve favorecida por los altos precios en el mercado interior, y la posibilidad de obtener del extranjero mercancías al mismo precio que antes mediante el uso del oro. En la fase deflacionista ocurre lo contrario. La destrucción de dinero y el llamamiento a de los préstamos restringe el empleo y reduce el poder adquisitivo de la comunidad simultáneamente con la llegada al mercado de la abundancia de bienes aún en curso de producción, y se produce una caída catastrófica de los precios. Se impide la importación desde el extranjero y, en su lugar, las mercancías que no pueden venderse en el país debido a la destrucción del medio de cambio se envían rápidamente a los puertos para ser enviadas al extranjero a cualquier precio.

Dinero a la vista y a corto plazo

En la primera etapa, los préstamos del banquero son solicitados en su país, pero en la segunda, al haber recurrido a sus préstamos internos, tiene capacidad de préstamo y sus ingresos en forma de intereses se agotan. Es en este preciso momento cuando surge la demanda de préstamos para financiar el comercio de exportación. En esta situación, por lo tanto, surgió el negocio de prestar dinero a la vista y con poca antelación a los banqueros internacionales que financian el envío de cargamentos que se exportan e importan, con la garantía de estos cargamentos. Evidentemente, el dinero creado para este tipo de transacciones, esencialmente el transporte, puede recuperarse y destruirse mucho más rápidamente que el invertido en la producción. Dividiendo el negocio en préstamos a largo plazo y préstamos a la vista o a corto plazo, y aumentando la proporción de los primeros en el periodo inflacionista y de los segundos en el periodo deflacionista, los banqueros internos se las ingeniaron para obtener unos ingresos más constantes prestando la Riqueza

Virtual de la comunidad, que, en cuanto a la segunda fuente, compartían con los banqueros internacionales. De las principales partidas de un balance bancario, en el activo, "Dinero a la vista y a corto plazo" y "Efectos descontados" se refieren principalmente al mercado internacional de préstamos, "Anticipos, préstamos, etc." a los préstamos internos, e "Inversiones" a lo que los bancos han comprado con el dinero que crean para sí mismos en operaciones de mercado abierto.

Cómo gobierna el mundo la banca internacional

Prestando y retirando préstamos alternativamente en casa y retirándolos y prestándolos en el extranjero, los banqueros internos e internacionales se hacían el juego mutuamente, manteniendo al mundo entero en un continuo fermento, y los niveles de precios internos siempre en movimiento. Pero en este sórdido juego el banquero internacional pronto aprendió que tenía la sartén por el mango y que podía controlar absolutamente la situación y obligar a los banqueros internos a seguirle. Porque prestando en cualquier momento a un país bajo circunstancias que hacen más rentable para ese país tomar el préstamo no en forma de bienes sino en oro, con el que comprar en un tercer país aquello para lo que el préstamo es realmente necesario, podía drenar el oro de cada país por turno. Así podría imponer la deflación y una ruptura de precios que llevaría a una prolongada depresión económica allí, hasta que sus trabajadores se vieran reducidos a un estado de ánimo más humilde y menos independiente. El patrón oro se convirtió no tanto en un instrumento para hacer retroceder, tras la inflación, las monedas de todos los países que lo adoptasen, y para mantener constante su valor relativo de cambio, como en un instrumento para hacer bajar los salarios y los precios en todos los países hasta el nivel de los más pobres y atrasados.

El objetivo principal de este capítulo será intentar aclarar algunas de las consecuencias excesivamente complicadas de lo que eufemísticamente se denomina banca en el ámbito internacional. Desde el punto de vista del prestamista profesional, y sólo desde el suyo, la prosperidad es una maldición. Su negocio es la deuda, su objeto su creación, y su supremacía sobre los creadores de riqueza depende del truco de que sus préstamos, al ser ficticios, nunca pueden ser devueltos. Las fronteras nacionales son ahora el único obstáculo para su dominio mundial, por lo que también deben desaparecer.

El dinero es deuda nacional, no internacional

La primera consideración sobre las transacciones económicas internacionales es que el dinero de cualquier país sólo tiene significado en aquel país en el que es de curso legal, o puede ser convertido a petición en moneda de curso legal, para el pago de deudas. Es una deuda sólo de ese país, o un derecho sobre sus mercados y no sobre los de otra nación. Para que la paridad de cambio se mantenga en una cifra definida sin que el oro fluya de un país a otro, en cada país el valor de las ventas de su propio dinero por el dinero del otro país debe ser siempre el mismo que el valor de sus ventas del dinero del otro país por su propio dinero. Así, si la paridad de cambio entre Inglaterra y Alemania era, como antes de la guerra, de unos veinte marcos por libra, 100 libras sólo pueden cambiarse por 2.000 marcos si otra persona quiere cambiar 2.000 marcos por 100 libras. Si sólo se ofrecieran 1.800 marcos por 90 libras, las 10 libras de diferencia sólo podrían cambiarse por marcos comprando

200 marcos con oro. En su defecto, los 1.800 marcos pasan a valer£ 100 o el cambio baja de 20 marcos a 18 marcos por libra.

La segunda consideración tiene que ver con el intercambio de mercancías. En este caso, para que la relación de cambio no varíe y el oro no fluya, cualquier exceso de valor de las importaciones sobre las exportaciones debe ser equilibrado por el país que recibe el exceso (1) debiendo por ellas, es decir, contrayendo una nueva deuda con respecto al resto del mundo, o (2) si ya se le deben y recibe el pago de intereses o el reembolso de capital por la deuda contraída anteriormente por el resto del mundo con él. Si las exportaciones de equilibran las importaciones (o en la medida en que éste sea el caso) se saldan mediante el pago por parte del importador de cada uno de los países de al exportador de su propio país en su propia moneda. Un elaborado sistema de "letras de cambio", agentes de letras, casas de aceptación, mercados de descuento, etc., explicado en obras técnicas sobre el dinero, permite que esto se lleve a cabo. Los tecnicismos, que tienen que ver con los medios por los que se hace más que con el propósito real alcanzado, no necesitan entretenernos aquí.

Con el fin de simplificar la complicada cuestión de las transacciones económicas internacionales, a continuación se analizarán más detalladamente las dos proposiciones. Sólo fuera de estas proposiciones simplificadoras surge la complicación. Ambas reducen el problema a la relación entre un solo país y el resto del mundo en su conjunto, para evitar tener que considerar los innumerables casos que se plantearían si considuráramos todos los países de dos en dos, como ocurre, por supuesto, con las transacciones reales. La discusión se centra en distinguir el tipo de transacciones que no tienen ningún efecto sobre la estabilidad de los intercambios exteriores de las que los perturban.

Los importadores pagan a los exportadores de su propia nación

La segunda proposición suele darse por sentada, pero conviene enunciarla con precisión. Se trata de que en cualquier país, en la medida en que el valor de sus importaciones se compensa con el valor de sus exportaciones, en sus relaciones con todos los demás países en los que ocurre lo mismo, el comercio es realmente trueque y no implica necesariamente ningún intercambio de dinero entre los países. En cada país el importador paga realmente al exportador en la moneda de ese país. El caso más sencillo es cuando se trata de dos países solamente, por ejemplo, Gran Bretaña exportando arenques a EE.UU. y EE.UU. exportando el valor equivalente de tractores a Inglaterra. Si el importador británico de tractores paga al exportador británico de arenques y el importador estadounidense de arenques paga al exportador estadounidense de tractores, cada uno en su moneda respectiva, las cuentas están cuadradas.

El siguiente caso más complicado sería uno triangular con, digamos, valores equivalentes de arenques exportados por Gran Bretaña a Rusia, de platino por Rusia a Estados Unidos y de tractores por este último a Gran Bretaña. Si imaginamos que cada importador remite su propio dinero en pago de la importación, Gran Bretaña tendría dinero ruso, Rusia tendría estadounidense y Estados Unidos tendría dinero británico para cambiar cada uno por el suyo. Si un país, digamos Gran Bretaña, tomara la iniciativa y enviara su dinero ruso a Rusia a cambio de su dinero americano, podría entonces enviar este último a América a cambio de dinero británico, y todos estarían satisfechos. Esto es lo que se hace con el sistema de letras de cambio. La letra de cambio es una especie de cheque invertido, emitido por el receptor del dinero y endosado o aceptado por el pagador. En efecto, se trata de un pagaré que tiene exactamente la misma naturaleza que un cheque si es inmediatamente pagadero a la vista. Pero normalmente es pagadero en tres o seis meses después de la aceptación. "Descontar" estas letras significa crear ahora el dinero que el aceptante de la letra tendrá que ceder más tarde cuando venza. Esto es tanto una creación de dinero, seguida de su destrucción cuando la letra es pagada por su aceptante, como el "préstamo" bancario ordinario. Sin embargo, este aspecto no nos interesa ahora, aunque constituye un caos en las relaciones comerciales internacionales.

La balanza comercial

La proposición anterior se aplica a cualquier número de países, por muy entrelazados que estén los intercambios de bienes y servicios, siempre que en cada uno de ellos el valor de las importaciones sea igual al de las exportaciones. O dicho de otro modo, el comercio internacional sólo puede desarrollarse sin complicaciones, como un simple trueque, cuando se cumple esta condición. Pero si se da, entonces está claro que no puede haber importaciones sin exportaciones equivalentes y en lugar de oponerse los intereses de exportadores e importadores son los mismos. Literalmente, en cada país los primeros son pagados por los segundos. Pero si uno de los países del grupo importa más de lo que exporta, por ejemplo si Rusia importa de Gran Bretaña más arenques que el equivalente al platino que exporta a América, debe ser eliminado totalmente del grupo. Porque, en el caso ilustrativo de que cada importador pagara al exportador en su propia moneda, no habría suficiente dinero americano en Rusia para cambiarlo por el dinero ruso en Gran Bretaña. En el caso más sencillo los rusos tendrían que compensar el déficit enviando oro a cambio de su dinero. Todo esto es bastante simple de entender desde el punto de vista del dinero como una deuda instantáneamente reembolsable en bienes y servicios a la demanda en el país en el que está legalizado (o puede convertirse a voluntad en moneda de curso legal), pero totalmente sin sentido fuera de ese país. El conjunto es una ilustración de la cancelación del endeudamiento mutuo de las naciones, que el propio dinero moderno efectúa entre individuos de una nación. El sistema de cheques, tal como funciona en un solo banco, es un ejemplo entre los clientes de ese banco y, ampliado por el sistema de la Cámara de Compensación, entre todos los clientes de todos los bancos. En todos los casos, lo único que importa es el residuo desequilibrado.

Efecto de los préstamos y reembolsos

La proposición puede ampliarse para incluir el caso de los préstamos, concedidos, por ejemplo, del país A al país B y reembolsados, ya sea en intereses o en capital, por el país B al país A. Podemos denominar a este último reembolso de intereses y reembolsos de fondos de amortización, para abreviar, servicio de préstamos. Entonces, la proposición sigue siendo cierta si, en cada país, la diferencia entre los valores de las exportaciones y de las importaciones puede atribuirse a los préstamos y al servicio de los préstamos. Los primeros aumentarán las exportaciones sin las correspondientes importaciones, y los segundos las importaciones sin las correspondientes exportaciones. Así, consideremos un préstamo del país A al país B. En efecto, A pone a B en posesión del poder de comprar *en* A bienes y servicios, y si B ejerce este poder, las exportaciones de A a B aumentan proporcionalmente sin que haya importaciones correspondientes en A procedentes de B. De la misma manera, con el servicio de préstamo, B reembolsa su préstamo, o los intereses del mismo, en efecto pone a A en posesión del poder de comprar *en* B bienes y servicios, por lo que las importaciones llegan a A procedentes de B desequilibradas por las exportaciones correspondientes. En la medida en que esta proposición extendida se aplica a cada nación por separado de un grupo de naciones, entonces, por muy entrelazadas y diversas que sean las relaciones entre los diversos países, el tráfico internacional se desarrolla sin ningún flujo de oro y sin ninguna perturbación en los intercambios exteriores. Esto no quiere decir que no se produzcan a través de otros factores, como los turistas y otras personas que llevan o envían dinero para gastar en otros países. A la inversa, en la medida en que no sea cierto para ninguna de las naciones, sus transacciones deben ser recortadas de las del grupo en consideración, y sus cuentas con las otras sólo pueden ser cuadradas ya sea por movimientos de oro, fluctuaciones de cambio u otros factores compensatorios. Si todos los países se rigen por el patrón oro, se producirá un flujo de oro desde los países cuyas importaciones superen a las exportaciones hacia aquellos cuyas exportaciones superen a las importaciones, contabilizado de la forma ampliada para incluir los préstamos y el servicio de préstamos de . Si no existe el patrón oro, el intercambio irá en contra de los primeros a favor de los segundos.

Las bolsas extranjeras

Puede ser útil considerar un caso simple de esto último. Supongamos que no se hace ningún intento de afectar al cambio entre dos países, ya sea por especuladores u otros que tengan monedas extranjeras con preferencia a las suyas, o por aranceles y bonificaciones. Entonces las importaciones y exportaciones, aparte de las pagadas por préstamos, servicio de préstamos u otras importaciones o exportaciones directas de dinero, *deben* ser de igual valor, cualesquiera que sean sus cantidades relativas. Retomando el primer caso, el importador británico de tractores tiene libras para pagar al exportador americano que quiere dólares, y el importador americano de arenques tiene dólares para pagar al exportador británico que quiere libras. La relación de cambio entre libras y dólares significa y está absolutamente determinada por cuántos dólares se pueden obtener por 1 libra. Antes de que alguien en Inglaterra pueda cambiar sus libras por dólares, alguien en América debe poseer libras para cambiar y querer dólares en su lugar. El intercambio de dinero es puro trueque que se aplica a los dos tipos de dinero exactamente igual que a dos tipos diferentes de mercancías, y el tipo de cambio es simplemente la relación entre las cantidades ofrecidas y demandadas de cada uno. La única diferencia es que normalmente el dinero tiene un instinto de búsqueda y cada tipo tiende a volver lo más rápidamente posible al lugar de su origen, donde sólo él es un reclamo legal de riqueza y siempre e instantáneamente puede ser intercambiado por ella.

No es posible en el comercio internacional cruzar la frontera y sustituir una deuda por los bienes y servicios de un país por una deuda por un valor similar de bienes y servicios del otro. Las deudas, es decir, los dineros, deben intercambiarse y, antes de que alguien pueda cambiar dinero extranjero por su propio tipo, otro debe simultáneamente quererlo y entregar el otro tipo por él. Sólo dentro de la jurisdicción de un país puede el sistema bancario crear dinero como un prestidigitador que saca conejos de una chistera, y luego volver a destruirlo. La gente puede pensar que nuestros banqueros son singularmente poco progresistas al no haber creado todavía una moneda internacional aparte del oro, pero esa gente suele estar más preocupada por su propia comodidad y su capacidad de viajar de un país a otro que por algo tan completamente fuera de su comprensión como este aspecto del dinero. No sería más que una pequeña compensación para Estados Unidos tener que ceder a cambio de dinero internacional, por ejemplo, una casa a un súbdito británico, porque éste solía tener una casa en Gran Bretaña pero la había intercambiado con otro británico por el dinero.

El patrón oro arrastra a todas las naciones al nivel más bajo

El objetivo aparente de que varios países se unieran para hacer convertibles sus monedas en oro, es decir, adoptar el patrón oro, era simplemente facilitar la contabilidad entre naciones. Porque si, como en el ejemplo anterior, Rusia exporta menos platino a los Estados Unidos de lo que Gran Bretaña exportó arenques a Rusia, la diferencia se compensa con un envío de oro de Rusia a Gran Bretaña, y las cuentas estaban cuadradas. Pero, desgraciadamente, en la práctica, la contabilidad internacional correcta bajo el patrón oro, operando con la contabilidad enteramente falsa dentro de las naciones por separado, donde el dinero se creaba y destruía arbitrariamente a voluntad, vino a significar que cada nación fue a su vez frustrada y devuelta al nivel de vida prevaleciente en las más pobres y atrasadas.

Mientras un préstamo de un país a otro sea un préstamo de bienes y servicios, y el reembolso sea también en forma de bienes y servicios no se produce ninguna fuga de oro. Los ciudadanos del país deudor están facultados para hacer sangría en los mercados del país acreedor en un caso, y los ciudadanos del país acreedor en los del país deudor en el otro. Ningún dinero pasa la frontera.

Ahora bien, es natural que los países que prestan sean más ricos y más desarrollados que los que piden prestado en el sentido monetario. Pero es casi igualmente natural, cuando usamos las palabras rico y pobre en el sentido original de riqueza o bienestar, que los costes de producción tiendan a ser más altos en los países ricos que en los pobres. Al principio, por supuesto, como en la época victoriana adquisitiva, los métodos científicos de producción, al exponer al trabajador a la competencia directa de la máquina, abaratan estos costes. Fue esto lo que permitió a Gran Bretaña convertirse en la fábrica del mundo entero. Pero, a medida que esos métodos se generalizan y todas las naciones se equipan con las mismas instalaciones que ahorran mano de obra, el coste de producción tenderá a ser más bajo allí donde los salarios son más bajos, es decir, en los países donde el nivel de vida es más bajo y está menos protegido contra la reducción por los sindicatos y la legislación de mejora, como los seguros de desempleo y de enfermedad.

No son necesarias más consideraciones que éstas para dejar claro que, aunque los países más pobres pedirán prestado a los más ricos en un sentido monetario, los prestatarios encontrarán cada vez más ventajoso pedir prestado dinero en lugar de bienes y servicios, y gastar el dinero en países aún más pobres donde los costes son más bajos y las cosas que necesitan son más baratas. Entonces surge la situación triangular, de un país A que presta a otro B que no compra en A sino en un tercer país C, y paga drenando oro de A a C, precipitando en A la deflación y un período de parálisis económica prolongada. Así, inevitablemente, el patrón oro actúa para mantener a todo el mundo tan pobre como la nación más pobre que compite por los mercados.

Efecto de la liberación de las bolsas extranjeras

Examinemos ahora este mismo caso con los intercambios absolutamente libres de ajustarse. Si A presta dinero a B, B debe recibirlo de A en forma de bienes y servicios. A la inversa, si B reembolsa un préstamo a A, A debe recibirlo de B en forma de bienes y servicios, porque cualquier intento de compra en un tercer país C hará que el intercambio se vuelva inmediatamente en contra del país que intenta comprar y hará que al comprador le resulte más rentable evitar el intercambio de dinero, y esto sólo puede hacerlo comprando en el país del que recibe el dinero. En estas circunstancias, los cambios casi reflejan, como debe ser, el valor relativo de las monedas, cada una en su propio país. La paridad de los intercambios significa, pues, las cantidades relativas de las distintas monedas que, cada una en su país, compran la misma cantidad media de bienes y servicios. Para ser más precisos, por término medio no hay ninguna ventaja económica en cambiar dinero. En la medida en que los individuos se vean en la necesidad de hacerlo y sus necesidades no se anulen mutuamente, el cambio se moverá en contra del país que, en la balanza, esté cambiando su propio dinero para pagar la deuda externa, facilitando así que la deuda se salde directamente mediante la transferencia de bienes y servicios en lugar de mediante el cambio de dinero con pérdidas.

Normalmente se argumenta que es imposible mantener a la vez un nivel constante de precios internos y un tipo de cambio constante en el exterior, y que la elección debe hacerse entre ambos. Pero aquí el argumento se dirige a mostrar que es bastante esencial dejar a los intercambios la libertad de encontrar su propia paridad, cuando el nivel de precios interno se ha estabilizado. Supongamos dos países en los que la paridad de cambio refleja un poder adquisitivo igual de las dos monedas, cada uno en su propio país. Para simplificar el argumento, podemos ignorar las diferencias de calidad entre las importaciones y las exportaciones de un país o entre las exportaciones y las importaciones del otro, e incluso suponer que cada país importa exactamente lo mismo que exporta, como de hecho ocurre hasta cierto punto en nuestro loco sistema, para gran desconcierto de los marinos. Entonces dejemos que un país. A, se infla mientras que el otro, B, mantiene un nivel de precios constante, siendo los intercambios bastante libres para ajustarse. Las mercancías del país A se encarecen. Esto frena sus exportaciones y estimula sus importaciones. Pero como en ambos países el importador paga al exportador de su propio país en su propia moneda, a menos que el tipo de cambio se ajuste por sí mismo, los importadores de A estarán pagando a los exportadores por más mercancías de las que han exportado, mientras que los importadores de B estarán pagando a los exportadores de B por menos de las que han exportado, lo cual, como diría Euclides, es absurdo. El recurso de imaginar que las mercancías importadas son las mismas que las exportadas no hace más que aclarar lo que tiende a suceder sin distorsionar esencialmente la verdad. Las deudas contraídas por A en B, en la balanza de las importaciones superiores a las exportaciones, sólo pueden cuadrarse mediante el cambio de la mayor cantidad de dinero de A en B por la menor cantidad de dinero de B en A, ya que cada una es inútil para los exportadores que suministran las mercancías hasta que se cambia por la otra. Pero esto es exactamente lo que ha sucedido en realidad, ya que se necesita una mayor cantidad de dinero de B para comprar en B las mismas mercancías que antes. Lejos de intentar igualar el cambio, cualquier intento de hacerlo es robar a Pedro para pagar a Pablo, y cuanto más rápido se vuelva el cambio contra un país que devalúa su moneda, mejor para todos los implicados. Pero la especulación privada sobre el cambio de divisas debe detenerse por completo y el cambio del dinero nacional por el de otros países debe someterse también a la supervisión nacional directa.

Uso correcto del oro

Tampoco hay nada en todo esto que perjudique en lo más mínimo el hecho de que el oro se utilice como una forma conveniente de mercancía para corregir las perturbaciones puramente temporales o espasmódicas de los intercambios. Para esto, de hecho, es muy adecuado. Pero hay que considerarlo como una mercancía y separarlo totalmente de su función "patrón-oro" de producir, mediante sus salidas y entradas, reducciones y aumentos treinta veces superiores de la cantidad total de dinero. Una moneda estabilizada en un número índice o nivel de precios constante mediante el aumento de la cantidad total de dinero, a medida que el aumento de la producción pone en los mercados mayores cantidades de bienes para el consumo, seguiría encontrando una cierta tenencia media de oro como una ventaja para estabilizar los intercambios. Si otro país con moneda convertible en oro comenzara a inflar, el aumento de sus importaciones se pagaría con la salida de oro, siempre y cuando tuviera oro, pero el oro que se acumula en el país que le exporta tendería, bajo este sistema, a valer menos que antes, en relación con la media de otras mercancías. Esto en sí mismo sería un efecto de la misma naturaleza que el cambio en contra del país que devalúa su dinero. Pero, en lo que concierne al país con dinero estable, el oro es sólo una de las mercancías con las que puede comprar en el extranjero y, aparte de la conveniencia de utilizarlo para suavizar las fluctuaciones cambiarias espasmódicas, es libre de importar o exportar tanto o tan poco como le convenga económicamente.

CAPÍTULO VI

REQUISITOS FÍSICOS DE UN SISTEMA MONETARIO

EL DINERO en la nueva economía

Ha sido necesario profundizar en la evolución del actual sistema monetario y mostrar cómo está contribuyendo a mantener al mundo en su peligrosa y explosiva situación actual. En el curso de esta exposición se han hecho algunas sugerencias para su reforma. Éstas dependen, al menos en parte, de la nueva y original interpretación de las realidades físicas de la economía que se ha tratado hasta cierto punto en la introducción. Es probable que sean mucho más fácilmente comprendidas por quienes se dedican a actividades productivas que por quienes se han formado en hábitos de pensamiento anticuados, de entre los cuales, por desgracia para el mundo, se han seleccionado hasta ahora la mayoría de los dirigentes y administradores.

No es posible mezclar estas viejas y nuevas filosofías, como tampoco es posible mezclar la ciencia con la brujería y la magia, o que un hombre moderno piense y actúe dentro del mismo horizonte de ideas que un pueblo primitivo. Sobre todo, la nueva economía de la abundancia o el sistema monetario necesario para distribuirla no pueden exponerse en términos de la vieja economía de la escasez. En esta nueva filosofía, el propio dinero aparece por primera vez en su verdadera luz, siendo, en lugar de riqueza, simplemente un recibo por la riqueza entregada voluntariamente a cambio de ella; utilizado, en resumen, como una ficha de crédito. En una civilización científicamente controlada, el emisor de dinero desempeñaría para el resto del organismo económico una función muy parecida a la que el empleado de una estación de ferrocarril desempeña para el resto del servicio ferroviario. *Del mismo modo que este último tiene que dar cuenta del dinero que recibe a cambio de los servicios del ferrocarril que distribuye, el otro tendría que dar cuenta de los bienes y servicios que recibe a cambio del dinero que distribuye.* Una idea tan simple como ésta es el punto de partida de nueva era. Es cierto que los billetes de dinero son permanentes y, una vez emitidos, siguen circulando eternamente sin ser destruidos ni anulados. Pero, aparte de esto, están en juego consideraciones de sentido común muy similares a las que se aplican a los ferrocarriles.

Ya no hay escasez de riqueza

En la nueva economía ya no hay dificultad para crear riqueza. El trabajo y el capital desempleados sólo esperan que se les dé la orden de proceder a hacerlo. Si se entendiera de una vez por todas que, cuando lo hayan hecho, el dinero será emitido por la nación para distribuir el producto al mismo nivel de precios que prevalecía cuando se incurrió en los costes relacionados con su producción, no sería necesario nada más para asegurar que toda la mano de obra y el capital desempleados se pondrían permanentemente en pleno funcionamiento productivo. A partir de ese momento, la nación, por supuesto, se esforzaría al máximo en la creación de riqueza para el consumo y el uso, al igual que, durante la guerra, se esforzó al máximo en la creación de riqueza para la destrucción. es, en opinión del autor, una exageración suponer que haya llegado el momento en que sea imposible emplear útilmente cualquier parte de la mano de obra y el capital disponibles. No cabe duda de que puede ser necesaria una reorientación considerable del sistema productivo para adaptarse a las nuevas condiciones, pero durante mucho tiempo tendremos plena utilidad para todos y para todo lo que pueda contribuir a la reconstrucción del mundo.

Pero los que deseen saber más sobre los principios que deben observarse para lograr este resultado deben estar preparados en esta etapa para cortar por lo sano y separarse de la vieja escuela metafísica de economistas, que no comprendían las implicaciones físicas subyacentes del tema más que el hombre sin formación técnica. Para un hombre de ciencia, es casi increíble que un grupo de hombres, que se hacen pasar por expertos en este tema, hayan fracasado durante casi un siglo a la hora de distinguir claramente entre las consecuencias de los préstamos genuinos y las de que fingen prestar creando dinero nuevo como "crédito bancario

Motivo

La diferencia entre el economista y el sociólogo, por un lado, y la mente científicamente formada, por otro, no podría ilustrarse mejor que en el tratamiento del motivo humano, con el que cabría esperar que el primero hubiera contribuido más que el segundo. El economista no vio en él nada más profundo que el deseo de "beneficio" por parte de una horda competitiva de individuos adquisitivos. El sociólogo llena volúmenes con la discusión de " - ismos", personificando bajo el disfraz consagrado de dioses y demonios, y dando letras mayúsculas a protagonistas imaginarios conjurados a la existencia para explicar nada más humano que errores de recuento y estafas económicas, más groseras (porque más universales), que la falsificación de pesos y medidas. El científico da por sentado que, en una sociedad individualista, a menos que los hombres puedan ganarse la vida de algún modo, deben dejar de existir por el proceso ordinario de la inanición, y más les valdría no haber nacido. Reconoce, sin embargo, que no hay poder en la tierra, o para el caso en el infierno, que pueda obstruir permanentemente a los hombres de aprovechar todo lo que su conocimiento y habilidad pueden derivar de la naturaleza para su sustento, llegando así a una teoría amplia y satisfactoria de la guerra, la revolución, el sabotaje y la lucha social, que se ajusta a esta época como un guante.

La riqueza existente

Puede ser útil comenzar este breve repaso de los principios físicos obvios que deben observarse para que el dinero desempeñe su papel correcto en una comunidad individualista, con una proposición trillada pero físicamente importante. Si contemplamos todo aquello de valor económico que distingue a la civilización actual de cualquier otra anterior, podemos estar seguros de que debe haber sido producido y aún no se ha consumido. En nuestra civilización avanzada es raro que la gente encuentre o fabrique las cosas que desea. En la práctica, los hombres suelen limitarse a alguna forma especializada de trabajo, dependiendo para el resto de las actividades de otros. Esto se conoce como la división del trabajo y, aunque en el sentido sociológico esto ha llegado a significar cada vez más una escala social con un medio sobrecargado de trabajo y ocio voluntario o involuntario en cada extremo, es el sentido puramente económico de la frase lo que se pretende. Las cosas producidas directamente por sus propietarios para su uso y consumo, por ser excepcionales, pueden considerarse como producidas por personas que se emplean a sí mismas, que sin embargo requieren sustento mientras lo hacen no menos que las empleadas para producir para otros. Es natural, por tanto, distinguir dos *finalidades principales* de la riqueza, según se consuma en la vida justa, en el "Consumo Absoluto", como decía Ruskin, o en la producción de nueva riqueza para su uso y consumo futuros.

Consumo para la producción y el ocio

La distinción se expresa vagamente en la connotación monetaria ordinaria de los términos gastar y ganar. Pero, desde un punto de vista físico, ambas acciones implican por igual el consumo de riqueza consumible y el uso de riqueza no consumible o permanente, por mucho que las cosas consumidas o utilizadas, ya sea en la vida justa o en la producción para el futuro, puedan diferir en detalle. Pero no es sólo esto lo que explica cierta confusión de pensamiento en este tema. En la Edad de la Necesidad, la mayoría de la gente no pedía más que lo que le permitía mantenerse en un estado y comodidad razonables para la producción, y se alegraba de obtenerlo. Los salarios, o, para el caso, los sueldos, al menos en los grados más bajos expuestos a la competencia, nunca han sido otra cosa que fijados por la remuneración media requerida para permitir al trabajador llevar a cabo su profesión de manera eficiente, en la forma habitual, y con el nivel de vida y el estatus social habitual para ese tipo de profesión, y lo suficiente para criar una familia o proporcionar formación a una nueva generación para llevar a cabo las mismas ocupaciones. Es cierto que siempre ha existido una considerable elasticidad en la determinación de la remuneración, así como en el grado de comodidad y satisfacción que las distintas personas obtienen de la misma remuneración, en función de una inmensa variedad de circunstancias y aptitudes individuales.

Pero en la Era de la Abundancia Potencial, con el aumento de las oportunidades de ocio que ofrece la creciente eficacia del proceso de producción ( ), la distinción adquiere una importancia mucho mayor, y parece deseable separar más claramente este uso en la "vida justa", el uso real del ocio, del otro. El ocio ha dejado de ser un lujo o una recompensa por la vejez para convertirse en una necesidad económica universal, al margen del proceso de producción, y muy al margen de lo que el término suele significar: ocio suficiente para mantener al trabajador en buena forma física y mental. Sólo de la muerte puede esperarse que el mundo se libre de aquellos que, a menudo haciendo poco por sí mismos, consideran un salario por encima del nivel de subsistencia como un síntoma malsano y necesitado de corrección financiera mediante la deflación. No cabe la menor duda de que, desde el punto de vista psicológico, este fue el origen de la desastrosa política financiera que ha seguido el país desde la guerra.

Riqueza consumible y de capital

Pero en el aspecto físico existe también una división muy real de la riqueza en dos categorías, muy distinta de la que acabamos de subrayar, que aunque también tiene un carácter intencional o funcional, depende de características físicas totalmente diferentes. Se trata de la distinción entre la riqueza que es consumible y la que no lo es. La nueva economía ha hecho hincapié en ella. Su importancia fundamental escapaba por completo a la comprensión de la

antigua. Las confusiones existentes, especialmente en ,
respecto a la naturaleza de lo que se entiende por el
camaleónico término Capital, incluyendo todas sus
derivaciones y ramificaciones en las controversias
sociológicas relativas al "Capitalismo", parecen tener su
origen principalmente en el olvido de esta diferencia
esencial. Así, para Marx (1859) "La riqueza de aquellas
sociedades en las que prevalece un modo de producción
capitalista, se presenta como una inmensa acumulación de
mercancías". Mientras que para un nuevo economista
guiado por la teoría energética de la riqueza, como ya se ha
insinuado, una inmensa acumulación de mercancías
simplemente se pudriría. Es absolutamente imposible y,
además, muy poco rentable intentar acumular riqueza
suficiente incluso para que el individuo dure hasta la vejez.
Cada día necesita riqueza fresca, y la acumulación es de
deuda, no de riqueza. Además, estas deudas de capital
tienen la misma peculiaridad que el propio dinero como
deuda. Nunca pueden ser reembolsadas.

Para el individuo, apenas tiene importancia si el derecho
que posee sobre la renta comunal de la riqueza es una deuda
pura, como la deuda nacional, que le proporciona una renta
proporcionada por los impuestos sobre las rentas de sí
mismo y de otros, o si se deriva de la producción de una
empresa productora de renta a la que ha prestado o confiado
dinero y así ha ayudado a poner en marcha. Pero incluso si
se trata de esto último, el capital productivo de la propia
empresa suele carecer casi por completo de valor, salvo
como chatarra, si no se utiliza para el fin concreto para el
que se proporcionó, o si se inventan mejores medios de
satisfacer la necesidad.

Deudas de capital no reembolsables

El capital productivo en este sentido sólo es riqueza para el individuo porque (1) puede intercambiarse por riqueza con otro individuo o (2) porque puede cobrar alquiler o renta por el uso de la planta que ha contribuido a proporcionar. A menos que sea de propiedad nacional, desde el punto de vista de la comunidad es, al igual que la deuda nacional, simplemente una fuente de ingresos para el propietario de la deuda a expensas del resto de la comunidad. Ambas por igual son físicamente impagables.

La consideración esencial que subyace a lo anterior es que, aunque las dos categorías de riqueza puedan intercambiarse entre individuos, la una no puede transformarse en la otra a voluntad. El cambio sólo puede ir en una dirección, de riqueza consumible a riqueza permanente, alimentando y manteniendo a los productores de riqueza. Es una cuestión de elección si los productores deben criar cerdos y cultivar maíz o construir fábricas, y el mantenimiento requerido por un tipo de productor no es esencialmente diferente del requerido por el otro. Pero una vez hecha, la elección es irrevocable. Desde el punto de vista de la nación, el intercambio de un tipo de riqueza por el otro, ya sea A o B quien posea uno u otro, no tiene importancia. Uno posee la riqueza y el otro la deuda, exactamente igual que en el intercambio entre riqueza y dinero.

Consideraciones energéticas

Esta distinción física entre riqueza consumible y no consumible es, en el fondo, una distinción energética. En la clase de los bienes consumibles propiamente dichos, como los alimentos, el combustible, los explosivos y otras mercancías similares, tratamos con cosas que son útiles porque son consumibles o destruibles. En la categoría de riqueza permanente tratamos con cosas que son útiles porque son duraderas y resisten la destrucción. En esta clase es habitual distinguir la riqueza permanente de la que las personas hacen uso y necesitan en su vida personal y doméstica de la que pertenece a sus aficiones en calidad de productores, y a la que puede aplicarse sin ambigüedad el término "capital productivo". Para lo primero basta con "bienes personales". Antes de abandonar este punto, profundicemos un poco más en el porqué de esta distinción tan fundamental. Las cualidades físicas contrastadas son, superficialmente, la capacidad de cambiar y la capacidad de perdurar, o la mutabilidad y la durabilidad, pero esto sólo oculta un significado más profundo. La primera clase, por su cambio, proporciona el flujo de energía que acciona tanto a los seres animados como a los mecanismos inanimados, pero, en el caso de la segunda, sólo porque se les exige perdurar, es al revés. No se utilizan en absoluto como depósitos internos o fuentes de energía, sino que deben ser capaces de soportar el cambio o la alteración cuando están sometidos a una fuerza o tensión externa. Pues el cambio espontáneo en la esfera material sólo se produce acompañado de un cambio de energía análogo al del agua que corre cuesta abajo. Nuestra distinción en el fondo es entre las cosas que pueden cambiar, produciendo tal flujo de la energía que acciona la vida, y las que pueden resistir el cambio cuando están sujetas a la energía que intenta fluir así (fuerza o tensión).

En la práctica distinguimos, en los casos límite, por - la función; es decir, por cuál de las dos cualidades contrastadas es la útil. La ropa y similares, que deben durar el mayor tiempo posible, se consideran permanentes, aunque la moda hace que pasen a la clase de lo consumible más de lo necesario, ya que los motivos del productor y del consumidor son (en nuestro mundo de locos) antagónicos. Mientras que, por muy duro que sea un filete de ternera, sólo es útil en la medida en que es consumible, y en la medida en que resiste la digestión es indeseable.

Capital productivo no distribuible

En este sentido de Capital, como producto no consumible del consumo de riqueza consumible, no hay distinción, por ejemplo, entre una casa utilizada como vivienda privada y una utilizada como fábrica. Ambas son producto del gasto de trabajo o energía, y en la medida en que pueden ser fuentes de energía en sí mismas (al caerse o incendiarse) son indeseables. Pero desde el punto de vista de los consumidores existe esta importante distinción: una casa privada entra en el mercado de los consumidores como una de las mercancías necesarias para el uso de los consumidores, mientras que la fábrica no. Su propósito es intermedio, como señaló Ruskin del Capital, y nunca abandona el sistema de producción en absoluto. Puede cambiar de manos dentro del sistema de producción, pero eso no tiene ningún significado nacional particular en lo que respecta a la contabilidad que refleja su existencia. Sin embargo, ambos son esencialmente idénticos si sólo consideramos su modo de producción. Esto sin duda estaba en la mente de J. S. en su afirmación "La distinción entre Capital y No-Capital no radica en el tipo de mercancías, sino en la mente del capitalista, en su voluntad de emplearlas para un fin y no para otro". Sin embargo, cuando el capitalista ha tomado una decisión y la ha llevado a la práctica, se produce una distinción muy importante. Desde la época de Adam Smith ha sido común referirse a un stock de mercancías y plantas, mentalmente marcadas para su uso en la producción, como Capital, y a partir de esto extender el uso de la palabra al dinero destinado a este fin.

En economía es imposible hacer definiciones o distinciones lógicas estancas aplicables universalmente en todos los casos. Incluso en mecánica, las leyes son diferentes cuando se trata de velocidades comparables a la de la luz, aunque en el ámbito de la ingeniería práctica estas complicaciones carecen, al menos hasta ahora, de toda importancia. Pero debe haber un uso coherente y definido de los términos dentro del rango, a menudo bastante estrecho, al que se aplica el argumento. Es mucho más importante que tengan un significado estrecho, conocido y definido que su significado sea tan amplio y vago que abarque cualquier contingencia concebible. Porque entonces, como en las controversias políticas y sociológicas, pueden significar media docena de cosas diferentes en diferentes momentos en el curso de un solo argumento. En el caso del capital, probablemente sería mucho mejor no utilizar nunca la palabra.

El capital bajo el comunismo y el individualismo

Desde el punto de vista del presente libro, el uso del término se limita al producto no consumible de la riqueza consumible utilizado para la producción de riqueza, y se considera como la subcategoría de la riqueza permanente, que se distingue de las posesiones privadas por su función en la producción. No nos preocupan las intenciones, sino las consecuencias físicas de las acciones. Sólo en este sentido tienen un significado real las controversias sobre la nacionalización de los medios de producción, distribución e intercambio, y las diferencias entre comunismo e individualismo. Las formas de gobierno tienen mucha menos importancia de lo que la gente suele suponer. Así, la necesidad del capital en el sentido antes mencionado, en general justo en la proporción en que avanza la civilización, nadie la cuestiona ahora. Cada nuevo avance en la producción se debe a algo análogo a la evolución del arado hacia el tractor, exigiendo que cada vez más personas sean apartadas y mantenidas mientras producen y mantienen en orden la planta requerida para la producción, pero sin producir realmente nada de lo que el consumidor final requiere.

En un Estado comunista esto no es menos cierto que en otros. Allí, el Gobierno, como propietario de todo, toma tanto como necesita no sólo para sus propios servicios sino también para la provisión de nuevo capital, y los productores reales de obtienen entonces cualquier cosa de la riqueza consumible y utilizable privadamente que pueda sobrar. En una sociedad individualista, para la que estamos explorando el papel que debe desempeñar el dinero, el capital lo proporciona la "inversión", lo que significa que las personas, en lugar de consumir todo lo que ganan a título privado o personal, facultan a otros para que lo gasten en empresas productoras de ingresos, sobre cuya producción adquieren un derecho de retención. Pero, después de eso, sólo pueden recuperar su capital en cualquier forma que les sea útil intercambiando por nueva riqueza su derecho con otra persona.

La consecuencia de esto es que, en cualquier Estado individualista moderno, siempre hay una gran cantidad de producción en marcha que no añade nada directamente a los productos que la gente compra en su calidad de consumidores, y que tiene que ser justificada por la "inversión" o alguna forma de "ahorro", en la que los títulos para consumir son cedidos por sus propietarios y transferidos a otros. Además, esta parte del gasto es nacional, bastante irrecuperable e impagable.

Todos los costes de producción se Distribuidos a los consumidores

No afecta en lo más mínimo a la contabilidad que este consumo de "capital" esté destinado a aligerar el trabajo y abaratar los costes de la producción futura, y, si tiene éxito, lo hace realmente. En física no hay ni interés ni descuento, ni préstamo ni empréstito. Todo esto sólo se refiere a los acuerdos mutuos en cuanto a la propiedad que las personas pueden elegir hacer entre sí. Tampoco entran en la contabilidad física los diversos elementos que componen el coste o el precio, ni distinciones tales como entre la proporción relativa de materia prima, mano de obra, gastos generales, beneficio, interés y alquiler, o entre precio al por mayor, precio al por menor, precio de coste, precio de venta y similares. No nos preocupa cómo se divide el coste o el precio entre los distintos individuos que participan, sino simplemente el total, estando muy seguros de que quienquiera que lo reciba, y en cualquier calidad, entrará en pleno disfrute individual del mismo, ya sea ganado o no ganado, justo o injusto, por servicios positivos o por servicios meramente negativos y permisivos. Aunque muchas de estas cosas, por supuesto, pueden marcar una gran diferencia en el bienestar social de una comunidad, y, en particular, en la proporción relativa que una sociedad individualista puede elegir para utilizar su riqueza en el consumo y uso personal o en el gasto productivo, todas estas cosas son *posteriores* a la cuestión de como un mecanismo de contabilidad.

Producción para los consumidores

Separemos las dos funciones esenciales, que siempre van juntas, para ver cada una por sí misma, y supongamos que se trata de un sistema que no aumenta ni disminuye su producción, y con el dinero a un índice de precios de poder adquisitivo constante. En cuanto a la producción y el consumo de riqueza para uso privado y personal, podemos dividir la circulación propiamente dicha del dinero en dos mitades, la de producción y la de consumo. Las dos mitades del círculo se unen (1) donde el dinero se paga desde la mitad de producción como salarios y servicios, para poner la riqueza en el lado de la producción, y así encuentra su camino en los bolsillos de los consumidores (2) donde el dinero es devuelto por los consumidores al sistema de producción para comprar el producto que han producido en un período equivalente anterior de producción. La circulación del dinero es interminable, y sólo la riqueza consumible y de uso privado producida sale por (2) para el consumo. El agregado total pagado por la producción de cualquier cantidad definida de cosas producidas es el precio, y es sólo porque este dinero se paga que el producto puede ser comprado y el mismo dinero utilizado de nuevo para producir una nueva cantidad. El mismo dinero gira una y otra vez distribuyendo una sucesión interminable de bienes y servicios al consumidor.

Como ya se ha indicado, es un error de principiante imaginar que todos los costes en que incurre la industria no se distribuyen para comprar el producto. Es totalmente incorrecto suponer que existe alguna diferencia entre ellos. Los gastos generales, los intereses, los alquileres y los beneficios, al igual que los salarios, los sueldos y los costes de los materiales, son pagos a individuos que no los acumulan en sus medias, sino que los gastan o invierten, en su calidad privada de consumidores, exactamente igual que otras personas. En lo que respecta a esta única finalidad, la producción para los consumidores finales y la distribución a los mismos, los costes incurridos equilibran los costes distribuidos.

Producción para productores

Pero cuando consideramos el segundo propósito, la producción de capital, el producto nunca se distribuye a los consumidores en absoluto, sino que permanece toda su vida útil en el sistema de producción. Cuando se construye una fábrica, la gente la paga, en lugar de ir al mercado de los consumidores para comprar cosas para su uso y consumo personal, devolviéndola directamente al sistema de producción, y autorizando a los productores a gastarla de nuevo como salarios, etc., para construir la fábrica, pero la fábrica nunca se distribuye a los consumidores y nunca puede distribuirse. Esto puede expresarse diciendo que la inversión o el ahorro eluden el mercado de los consumidores. El dinero que circula, en lugar de sacar la misma cantidad de riqueza que introduce en cada revolución, ahora circula por el sistema de producción dos veces creando nuevas mercancías, pero sólo las saca una vez, lo que produce un aumento de riqueza en el sistema de producción . Pero este aumento es "capital productivo", inútil para las necesidades de los consumidores y, de hecho, nunca se distribuye en absoluto.

Acumulación de deudas

El capital productivo se construye mediante la creación de una deuda permanente e impagable que pertenece al inversor y que se le debe a perpetuidad. Pronto veremos que lo mismo se aplica a todo aumento de la cantidad de bienes de consumo en el curso de la producción, así como al capital fijo, y éste es el error contable más importante cometido hasta ahora por los economistas monetarios, ya que hasta que no se entienda esto es totalmente imposible mantener un valor fijo para el dinero o un nivel de precios constante.

Tanto por los aumentos de capital fijo y las sustituciones y renovaciones de instalaciones obsoletas o gastadas, como por el aumento de mercancías *en curso de* producción en una época de expansión, si ésta no ha de ser efímera, el sistema de producción distribuye *mucho más* dinero que el que recibe por los productos que distribuye, y la diferencia es la deuda de capital acumulada, bajo la cual gimen ahora todas las naciones por igual.

Solución del problema del desempleo

El problema inmediato que hay que resolver es el de reincorporar de una vez a la producción útil la totalidad de la mano de obra y el capital desempleados disponibles. La estimación más conservadora es que en este país se produciría de inmediato un aumento del veinticinco por ciento. Esto significa que en unos pocos meses todo el mundo estaría en promedio un veinticinco por ciento mejor que antes. Pero el aumento real que se produciría, si la producción dejara de estar estrangulada por la manipulación del dinero, no puede estimarse a partir de las cifras actuales, ya que gran parte de la producción se distribuye ahora acumulando costes de distribución redundantes y superfluos, y esto ya no sería necesario. Es perfectamente correcto emitir dinero nuevo después de que el aumento de la tasa de producción se haya producido el tiempo suficiente para que la mayor cantidad de bienes aparezca en el mercado. Los minoristas disponen entonces de nuevos bienes de igual valor que el nuevo dinero emitido para distribuirlos. Pero es totalmente erróneo emitirlo como deuda a la industria para permitir que se *inicie* la nueva producción. Eso es precisamente análogo a establecer una oficina de reservas antes de que se construya el ferrocarril y financiar la construcción del ferrocarril mediante la venta anticipada de billetes.

Coste de aumento de la producción no reembolsable

Un simple ejemplo ilustrativo puede servir para aclarar este punto vital. Supongamos que se desea una distribución semanal adicional de bienes por valor de un millón de libras, y que transcurren treinta semanas desde el comienzo hasta el final de la producción antes de que aparezca a la venta el primer nuevo millón de libras, tras lo cual aparecerá una cantidad similar cada semana. Si los costes de producción son uniformes a lo largo del período de producción, entonces la aparición del primer nuevo millón de libras de riqueza se corresponde con el gasto no de un millón libras sino de quince millones de libras - en general, de la mitad del producto del tiempo en semanas y de la cantidad producida por semana. Además del producto acabado, habrá treinta semanas de producción de productos no acabados que van desde el valor cero al principio hasta el valor total al final, y, por término medio, de la mitad del valor del producto acabado. Todo ello se extrae del valor del dinero existente mediante la concesión de crédito al productor sin que nadie renuncie a nada en absoluto. El dinero pierde valor en proporción al aumento porque la nueva emisión saca del mercado el equivalente de los productos acabados sin devolver nada al mercado. Por lo que se refiere a los quince millones de libras de productos intermedios que introduce, *esa cantidad debe permanecer allí para siempre*, entrando tanto como saliendo, a menos que la nueva escala incrementada de producción se reduzca de nuevo a lo que era al principio.

El caso es totalmente análogo al de empezar a distribuir petróleo por medio de un nuevo oleoducto y omitir contabilizar la cantidad necesaria para llenar las tuberías. Siempre hay que poner más petróleo del que sale, de modo que esta parte de la riqueza fluida vendible tiene que contabilizarse en el sistema monetario exactamente como capital fijo y pagarse mediante una inversión permanente, en la que se pasa por alto el mercado de los consumidores y el dinero pagado fuera del sistema de producción se vuelve a poner directamente en él sin sacar nada de él.

Intercambio de propietarios frente a con la creación de riqueza

Antes de dejar las complejidades relativas a los intercambios entre riqueza y dinero, desdibujadas en lugar de elucidadas por el vago término "circulación", que han llevado a los economistas a todo tipo de impresiones sobre su "velocidad" y los cambios consecuentes a los aumentos y disminuciones de la misma en el aumento y la disminución de la tasa de producción de riqueza, podemos, para completar, considerar algunas de las operaciones menos esenciales. La división del ciclo en dos partes, una del lado de los productores y otra del lado de los consumidores, es un artificio para eliminar los intercambios no esenciales. Se trata de cambios de identidad de los propietarios individuales. Por el lado de los consumidores, se producen todo tipo de intercambios, principalmente en relación con las posesiones permanentes, las ventas de casas, fincas, muebles, y lo mismo ocurre, por el lado de la producción, en relación con las instalaciones, fábricas e inversiones que representan la propiedad del sistema de producción o créditos sobre el mismo. Tampoco parece importante que los individuos que poseen propiedad privada puedan intercambiarla por inversiones de capital y viceversa, ya que en tales casos los propietarios cambian de bando dejando la riqueza donde estaba. La circulación de dinero propiamente dicha se distingue de todo intercambio de propiedad en que es esencialmente un intercambio de servicios para la creación de nueva riqueza acabada, y sólo en este intercambio surge nueva riqueza.

La cantidad de dinero no se puede calcular

Pero las complejidades demuestran que no es posible calcular de antemano exactamente cuánto dinero debe emitirse para distribuir cualquier aumento dado de la tasa de producción. No se puede decir simplemente que debe haber siempre tanto dinero como bienes a la venta. Un punto similar, sobre el que han llamado la atención escritores recientes, es la mayor cantidad de dinero "absorbido" en el sistema de producción a través de la creciente complejidad de los métodos de producción y el número de organizaciones diferentes que manejan en serie la riqueza en curso de fabricación, que es una de las consecuencias de la división del trabajo. Debemos evitar cálculos interminables de este carácter.

Los hábitos y costumbres que prevalecen tanto entre los productores como entre los consumidores no pueden eliminarse de la cuestión de la cantidad de dinero que debe existir para distribuir, a un nivel de precios constante, cualquier producción dada, o cómo debe aumentarse a medida que aumenta la producción. Así, en la ilustración dada, sólo se necesitaría un millón de libras de dinero nuevo si, después de que el sistema se hubiera asentado en el aumento de la producción, el dinero tardara una semana por término medio en llegar de nuevo al mercado de los consumidores. Difícilmente es posible siquiera adivinar esto, a partir de los datos que puedan existir sobre un sistema monetario en el que la cantidad se calcula a partir de un número menos siempre variable, y en el que la cantidad existente es desconocida debido a la difuminación de la distinción entre depósitos corrientes y a plazo. Por razones similares, la cantidad de inversión genuina necesaria, como construcción preliminar del sistema para una mayor producción, es completamente incalculable. Depende enteramente de innumerables factores medios, ninguno de ellos definitivamente conocido, relativos a la naturaleza de la producción incrementada que el público demanda, también desconocida de antemano.

El índice de precios determina la cantidad de dinero

Afortunadamente, es totalmente innecesario profundizar en estos factores desconocidos, porque el propio índice de precios, bajo el sistema descrito, regula la tasa a la que se emitiría el nuevo dinero. Postulando que el dinero sólo se crea, o si es necesario se destruye, por orden de los estadísticos que observan los movimientos de los precios, y luego se emite a los consumidores como un alivio de los impuestos, el índice de precios estaría controlado por los mismos principios que la velocidad de un motor está controlada por el maquinista. Este último no podría saber de antemano el efecto integrado de los factores que influyen en la velocidad del tren, como la pendiente, la eficacia del motor, la temperatura y la presión del vapor, etc. Simplemente abre el acelerador si la velocidad del tren es superior a la del tren. Se limita a abrir el acelerador si quiere ir más rápido y a cerrarlo si quiere ir más despacio, dejando el resto en manos de su fogonero. La producción de nuevas riquezas mediante los procesos más eficaces y rápidos puede dejarse sin peligro al tecnólogo.

Todo lo que se necesita es un sistema para crear dinero nuevo si el nivel de precios tiende a bajar y los bienes invendibles a acumularse, y para destruirlo si escasean y los precios tienden a subir. Esto es totalmente imposible con el sistema bancario existente, pero muy posible con un sistema racional, científico y nacional, diseñado de acuerdo con las realidades físicas a las que deben ajustarse la producción y el consumo de riqueza. Imaginar lo contrario es tratar de preservar un sistema en el que el dinero no se emite para distribuir riqueza, sino como fuente de ingresos. Si hay una lección que la historia del dinero nos enseña, es que cuando su emisión se utiliza como medio para enriquecer al emisor, ya sea el Estado, el banco o el falsificador, es el poder más desintegrador y peligroso jamás inventado por el hombre. Si existe la voluntad corporativa o el sentido corporativo del peligro en una comunidad, es imperativo que se aprenda esta lección antes de que sea demasiado tarde.

Los derrochadores costes de la distribución

Pero antes de dejar este tema, cabe subrayar de nuevo que una gran parte del esfuerzo actual de la humanidad se dirige a la acumulación de todo tipo de costes de distribución innecesarios para distribuir el producto, y permitir que todo el mundo comparta la producción limitada, que conlleva nuestro sistema monetario fundamentalmente falso. Si éstos se eliminaran, como naturalmente se eliminarían gradualmente, disponiendo siempre de suficiente dinero para distribuir todo lo que se puede producir, podríamos esperar no un aumento del veinticinco por ciento de la prosperidad, sino un aumento de cuatro o cinco veces. Como subraya Sydney Reeve en sus escritos, más del ochenta por ciento del coste se acumula bajo el "comercialismo" por una competencia totalmente innecesaria para la *venta* de bienes, mientras que los costes de su fabricación se reducen a una fracción del uno por ciento. Esta es, sin duda, la consecuencia más grave de que los economistas ortodoxos confundan el intercambio de mercancías con su creación y no se preocupen demasiado por esta última.

El papel del dinero resumido

Resumiendo este relato como el mecanismo contable, encontramos, tomando la amplia definición de costes explicada (p. 149), que todo lo que existe de riqueza de uso para los consumidores se contabiliza o paga por la verdadera circulación del dinero, a través de los sistemas de producción y consumo, pagándose el dinero desde el primero por los servicios en la producción de riqueza y volviendo de nuevo a él para sacar la riqueza producida. La riqueza existente es la diferencia entre lo que se ha producido y lo que se ha consumido, y esto está cambiando continuamente de propietarios por medio de los movimientos de ida y vuelta del dinero entre los consumidores individuales, aparte de y sin efecto sobre la verdadera circulación. En cuanto a lo que existe de riqueza de uso para los productores, que está sujeta al mismo intercambio perpetuo de propietarios por movimientos similares de dinero entre los productores sin efecto sobre la verdadera circulación, y que también llega a existir de la misma manera que la riqueza de los consumidores por esta circulación, no es, estrictamente hablando, contabilizada o pagada, pero los costes de producción se acumulan como una deuda-carga permanente en el sistema de producción. Exactamente lo mismo ocurre con toda la riqueza de los consumidores en curso o proceso de producción, y el hecho de que ésta se distribuya finalmente a los consumidores no afecta en absoluto a la contabilidad, ya que los sistemas económicos tienen que funcionar continuamente y para siempre sin ser liquidados. Por otra parte, el dinero en sí es un activo en la elaboración del balance de costes, debido al hecho de que sus poseedores lo aceptan y lo consideran como un pago en su totalidad, aunque de hecho es una promesa de pago en el futuro. En esta medida, lo que se entrega por ella en forma de bienes y servicios -la Riqueza Virtual- está disponible para pagar parte de los costes incurridos en el sistema de producción, pero en general sólo puede ser una pequeña parte, incluso de los costes particulares considerados en último lugar, es decir, los hundidos en la riqueza en curso de producción. Ningún esquema de reforma monetaria puede ser correcto, ni ningún sistema monetario sólido, en el que toda la riqueza existente no pueda ser contabilizada de alguna manera como la anterior.

CAPÍTULO VII

DEUDAS Y AMORTIZACIÓN DE DEUDAS

La era del poder y no de las máquinas

Las ideas convencionales más antiguas sobre el progreso humano, según las cuales éste resulta de los beneficios de la asociación humana y de la división del trabajo, lo que hace que cada miembro de la comunidad pueda contribuir, cuando se dedica a una forma especializada de ocupación, mucho más al fondo común de riqueza de lo que sería posible si cada uno tuviera que proveer independientemente a sus propias necesidades, aunque bastante ciertas en la medida en que van, apenas tocan los orígenes del avance fundamental en el progreso alcanzado en lo que debería llamarse la era científica. Las herramientas, en el sentido más amplio, siempre han sido consideradas como verdaderas civilizadoras, al aumentar la eficacia de sus usuarios humanos en las diversas tareas de la vida. Pero esa etapa la hemos superado por completo. Quienes hablan de la Era de las Máquinas están poniendo el carro delante de los bueyes. Las máquinas modernas suelen ser imitaciones más fuertes, más incansables y más precisas de las funciones productivas especializadas de los hombres; y tienen que ser alimentadas igual que los hombres. A menos que reciban energía, están muertas como cualquier cadáver. Aunque los hombres todavía no han aprendido a alimentarse directamente de combustible, durante la guerra se dice que algunos vapores fluviales tropicales funcionaron con nueces de mono y, después de ella, se dice que se aconsejó a los agricultores americanos del Medio Oeste que utilizaran su trigo como combustible para mantener el precio. Científicamente, hay menos distinción entre la manufactura y la fabricación mecánica de lo que comúnmente se supone. En ambos casos, la energía es la consideración previa. Que proceda de un hombre o una bestia, alimentados con comida, o de una máquina alimentada con combustible, es de menor importancia en lo que respecta al objeto, que es la producción de riqueza.

Los hombres, en sentido económico, existen únicamente en virtud de su capacidad para aprovechar la energía de la naturaleza. Las civilizaciones primitivas dependían casi por completo de su flujo. Aprovechaban la luz del sol para alimentarse y criar ganado de tiro, se servían del viento para propulsar sus naves y, en menor medida, de los ríos para mover sus norias. Pero ahora se complementan con una reserva de energía almacenada en el combustible desde antes de que el hombre dejara su huella en el mundo. La termodinámica nos ha enseñado cómo convertir el calor que proporciona la combustión en energía mecánica. El trabajador primitivo era el transformador inteligente del flujo de energía del sol. El ingeniero moderno ha ampliado la función, desplazando en gran medida al obrero de la producción. Pero ningún hombre crea la energía, por mucho que parezca que crea riqueza. La riqueza, en el sentido económico de los requisitos físicos que permiten y potencian la vida , sigue siendo tanto como antaño el producto del gasto de energía o trabajo. Pero ahora es producida en gran parte por maquinaria impulsada por combustible, que incorpora los movimientos esenciales requeridos para cada paso de la producción en un ciclo que se repite automáticamente, en lugar de por individuos que trabajan bajo su propia voluntad y poder. La naturaleza ha sido esclavizada y los hombres pueden, de hecho deben, ser libres.

Dinero Deuda nacional impagable

En este libro nos ocupamos principalmente de como el mecanismo de contabilidad y distribución, que permite que la producción generalizada y social se desarrolle sin problemas, combinando las ventajas de la asociación humana y la división del trabajo con la distribución del producto para uso y consumo individual y personal. No cabe la menor duda de que la invención del dinero, al desplazar a las primeras formas patriarcales y feudales de comunismo, supuso en su origen una enorme mejora de la libertad del individuo. La tendencia moderna hacia el comunismo se debe enteramente al hecho de que la función primaria del dinero, la distribución de la riqueza producida socialmente, ha sido sustituida por otra totalmente subordinada y ajena: cómo emitir dinero para que sea una fuente de ingresos para el emisor y devengue intereses perennes. Esto podría ser más inteligible si los que renunciaron a la riqueza por el dinero recibieran el interés pagado por la emisión, ¡pero en lugar de eso lo pagan! Su existencia se debe a la aparición simultánea de dos partidas iguales en los dos lados de un libro de cuentas bancarias: en un lado se abona al prestatario la suma prestada y en el otro se le adeuda. Los contribuyentes no han notado hasta ahora una peculiaridad similar pero opuesta de la contabilidad en las cuentas nacionales. Reciben cada año notas de demanda que supuestamente muestran las cantidades gastadas en servicios, cuyas partidas más importantes son Administración Local y Educación, cada una de las cuales cuesta£ 48 millones. Pero se omite la mayor partida, Servicios Bancarios£ 100 millones, o lo que es lo mismo. Del mismo modo, en las cuentas de ingresos, la partida correspondiente a "Intereses sobre bienes y servicios recaudados como créditos bancarios" ¡no aparece!

Deudas de capital impagables. "Ahorro" Convencional

Aparte de esta irregularidad, hemos visto que mientras la circulación del dinero a través de las mitades de producción y consumo del ciclo contabiliza correctamente la producción y distribución de bienes de consumo, utilizando el término para connotar la riqueza de uso para los consumidores, contabiliza la producción de capital en el propio sistema de producción como una deuda con los inversores individuales, y estas deudas se acumulan continuamente y nunca después pueden ser reembolsadas, porque representan gastos en cosas que nunca se distribuyen y, si lo fueran, serían bastante inútiles para el inversor.

Es interesante que precisamente el mismo error, convertir el dinero en una deuda para las empresas privadas cuando es impagable por su propia naturaleza, esté también, con respecto al capital, en la raíz de todas las rancias controversias políticas y sociológicas entre capitalismo y socialismo. Como herencia de la economía acientífica y confusa de la era victoriana, la confusión más extraordinaria persiste en los círculos políticos sobre esta cuestión en relación con la nacionalización y esquemas similares, y a ellos tendremos que volver. Pero, a menos que los individuos prefieran confiar en un Estado benevolente que los mantenga en la vejez, deben "ahorrar" y todo este asunto del ahorro es convencional: prestar un excedente de ingresos sobre gastos para recuperarlo más tarde y, mientras tanto, obtener un ingreso de él como interés. Pero no hay riqueza disponible, fuera del flujo o ingreso de riqueza del sistema de producción. Esto es real. Todo lo demás es mera contabilidad entre deudores y acreedores. Los créditos se acumulan sobre los ingresos de la riqueza, tanto en lo que se refiere al uso del capital productivo, derivado de su alquiler por los propietarios a los usuarios, como sobre los ingresos del Estado, recaudados mediante impuestos, para hacer frente al servicio de los préstamos recaudados por él. Estos préstamos se destinan casi en su totalidad a gastos no generadores de ingresos, a saber, guerras destructivas en su mayor parte y mejoras y desarrollos nacionales necesarios en menor medida.

Necesidad de un índice de precios constantes

Ahora bien, esto, sin ningún otro argumento, es suficiente para dictar que ningún sistema monetario puede ser honesto o merecedor de la confianza, ya sea de la comunidad o de otras naciones que tengan tratos económicos con él, que no mantenga un índice de precios invariable. Esto se hace cada día más evidente a través de la amarga experiencia de la guerra y la posguerra. Antes de que la gente comprendiera los insidiosos métodos de estafa que consisten en mantener el nivel de precios siempre en movimiento, había muchos dispuestos a argumentar que, si los costes de producción bajaban gracias a las mejoras científicas en la fabricación, el precio de las mercancías debería bajar en la misma medida. De este modo, la carga de toda deuda aumenta sutilmente y el acreedor obtiene un beneficio no pactado, al margen y adicional a lo que se estipula en el bono en lo que respecta al pago de intereses y al reembolso del capital. Una vez que se permite esto, el sistema económico se convierte simplemente en una cabina para la lucha de ingenios, en la que los agentes y representantes de la clase acreedora están fuera, como los bancos, para conseguir algo a cambio de nada. Esto sólo puede venir si los que producen la riqueza apartan más que antes para servir a la misma cantidad nominal de deuda, y, por lo tanto, sólo puede derivarse de una reducción correspondiente de la parte de los que la producen.

Por lo tanto, se dará por sentado que el dinero del futuro debe tener un poder adquisitivo constante en términos de la media, suficientemente cercana, de las cosas que se utilizan para comprar, de un siglo a otro, antes de que sea posible cualquier avance real desde el actual vergonzoso jardín de osos de conflictos perpetuos nominalmente entre "capital" y "trabajo", pero en realidad entre acreedores y deudores, en el que se ha permitido que se convierta la organización creativa nacional bajo el deshonesto sistema económico y monetario existente.

Cómo se beneficiarían los trabajadores

Por supuesto, se preguntará de inmediato, al menos por parte de quienes desean el cambio, cómo se beneficiará el trabajador, bajo tal sistema, del abaratamiento del coste de producción debido a la mejora futura. Es fácil ver que, en esta medida, pierde el beneficio si tiene que compartir con la masa de acreedores preexistentes el beneficio que se derivaría de los precios más bajos.

Por otra parte, si se impide que los costes bajen a medida que mejoran las condiciones en la industria, los productores tienen garantizado un mercado para su producción máxima, siempre y cuando sea lo que el público realmente demanda. No hay límite a la emisión de dinero nuevo, si se lleva a cabo correctamente, siempre que haya mano de obra y capital disponibles. Esta demanda ilimitada de mano de obra y capital devolvería el poder de negociación a la mano de obra sin necesidad de acciones colectivas, y de forma mucho más eficaz que éstas, cuya única arma eficaz, la huelga, golpea en realidad más directamente el nivel de vida de los trabajadores, saboteando la producción con la que se les paga a ellos y a los acreedores. Por lo general, los trabajadores que tienen menos reservas que los que han acumulado ahorros, son los que más sufren con este tipo de guerra. Mientras que con la reducción de los costes de producción que resulta en un gran aumento de la rotación, y el aumento de la competencia entre los empresarios por la totalidad de los trabajadores disponibles (como durante la guerra), los salarios deben aumentar hasta que estos últimos obtengan una parte justa de las economías realizadas por el aumento de la producción. Al mismo tiempo, el principio subyacente al nuevo sistema monetario debe aplicarse a las nuevas deudas de capital. No debe ser posible, de un plumazo, que ninguna empresa aumente su endeudamiento nominal con sus accionistas y les emita nuevas acciones sin que ellos aporten el valor total en capital fresco. Pero es justo que los que corren el riesgo de perder al aportar capital a la industria participen con los trabajadores en el aumento de la prosperidad. Sin embargo, estos puntos quedan realmente cubiertos al hacer que todas las deudas sean rescindibles después de un período definido, un esquema que queda fuera de la r61e del dinero propiamente dicho, pero al que se volverá al final de este capítulo como una característica esencial de la nueva perspectiva sobre estas cuestiones que la comprensión física de las mismas proporciona.

Regulación del dinero por índice de precios

Así hemos llegado al punto de que la primera consideración del bienestar nacional o general es un dinero que siempre compra la misma cantidad media de las cosas para las que se emplea. La gente honesta tiene todo que ganar y nada que perder por la honestidad. Aunque no sería cierto pretender que hasta ahora se ha elaborado la forma ideal de fijar el nivel de precios, es un problema que podría dejarse con seguridad a una oficina desinteresada de estadísticos, análoga en su función a las oficinas de normas o, en este país, al Laboratorio Nacional de Física, que se encargan de la determinación absoluta de las normas de peso, longitud y volumen, y comprueban los pesos y medidas reales con los que se efectúan las transacciones económicas. De hecho, ya existe suficiente experiencia en la determinación de los niveles de precios y los números de índice, por parte de la Junta de Comercio y otras instituciones, como para estar seguros de que en la práctica no surgiría ninguna dificultad grave.

Debe recordarse que, prohibiendo absolutamente la continua variación arbitraria de la cantidad de dinero en cada instante de la existencia, de la que ahora depende la "banca", y haciendo su cantidad conocida y definida, la causa real de la desastrosa fluctuación del nivel de precios sería eliminada desde el principio, y es bastante absurdo argumentar a partir de lo que ha estado ocurriendo en el pasado sobre lo que ocurrirá en el futuro. Obviamente, es imposible mantener un nivel de precios constante bajo un sistema bancario, en el que el dinero se crea y se destruye arbitrariamente extendiéndolo y retirándolo en forma de préstamos o créditos a la industria, préstamos que sólo pueden ser invertidos en preparativos para la producción futura, y de los que deben obtenerse tanto intereses como beneficios. Pero, si la nación sólo emitiera dinero a los consumidores, como condonación de impuestos, tan pronto como la riqueza acabada esperara ser vendida por encima de lo que puede ser vendido por el dinero existente sin caída del nivel de precios, entonces no podrían producirse ni se producirían cambios apreciables en este último.

Un índice de precios sencillo

Queda, es cierto, la cuestión técnica de qué nivel de precios fijar y cómo calcularlo, pero en el mundo económico estabilizado que resultaría de ello, la cuestión parece de importancia secundaria en comparación con la ventaja de fijar el precio de cualquier media representativa razonable de las cosas que el dinero se utiliza para comprar. Elimínese la creación de dinero como medio de ganar intereses y créese para los consumidores, y el sistema económico entrará en relaciones de equilibrio definidas entre todos los diversos factores que determinan los precios relativos de las diferentes categorías de la inmensa variedad de cosas que se compran y se venden. Se convertiría en un sistema altamente conservador y estable, completamente irreconocible de lo que es ahora, con el dinero continuamente siendo drenado de una parte para ser inyectado en otra, y, todo el tiempo, la cantidad existente siendo inflada y desinflada como una concertina.

Parece que, para empezar, serviría un índice sencillo basado, por ejemplo, en primer lugar en el coste de la vida medio de un hogar de un artesano cualificado ( ). Correspondería a estadísticos imparciales que estudiaran las tendencias aconsejar de vez en cuando si el índice podría, en general, mejorarse y hacerse más representativo. Parece

LA FUNCIÓN DEL DINERO

de todo punto deseable, para evitar cualquier inquietante orgía inicial de apuestas, estabilizar el número índice de precios en el nivel existente. Sea como fuere, se construiría un presupuesto medio semanal o anual que representara, en ese momento, las principales partidas, por separado, del coste de la vida del tipo de familia elegido como típico. En cualquier momento futuro, los mismos artículos en las mismas cantidades que se calcularon entonces, si se vuelven a calcular a los nuevos precios vigentes, deberían sumar el mismo total, por mucho que difieran individualmente entre sí, si el nivel de precios no cambia.

La Oficina Estadística

Esto ilustra el principio, aunque, por supuesto, en la práctica el trabajo real de la oficina de estadística contemplada debería abarcar toda la gama de actividades económicas de la nación. Una de sus funciones debería consistir no sólo en recopilar datos, sino también en interpretarlos y responder a preguntas específicas, no sólo para el Gobierno, sino también para todos los organismos representativos que llevan a cabo el trabajo económico de la comunidad. Desde luego, no debería ser un departamento del Gobierno, como tampoco lo son el de Derecho o el de Universidades, ni depender de ninguno de ellos, y menos aún del Tesoro. Sería un error fatal , ya que el Tesoro sería el único departamento directamente interesado en los beneficios de la emisión de dinero nuevo. La tentación de emitir demasiado y estafar a los acreedores estaría siempre presente. El nuevo dinero no debe emitirse con el objetivo de proporcionar una fuente de ingresos para el alivio del contribuyente, aunque esa sea la consecuencia necesaria.

La oficina de estadística debería depender nominalmente de la Corona o del jefe supremo del Estado, sea quien sea, y estar en una posición muy parecida a la del Laboratorio Nacional de Física, como órgano consultivo desinteresado encargado de funciones metrológicas definidas. Sus recomendaciones deberían dirigirse formalmente al Parlamento y, por lo general, se adoptarían automáticamente.

Una ceca reconstituida

Para la emisión real del dinero nacional, la Casa de la Moneda debería ser reconstituida para cubrir no sólo la acuñación de moneda, sino también el papel moneda. Las emisiones se entregarían al Tesoro, y se añadirían a las sumas recaudadas por impuestos. Como hemos visto, la emisión de dinero a crédito es en realidad una exacción forzosa o impuesto sobre la comunidad, y el propio dinero es el recibo de que el propietario de ha entregado un valor equivalente por él, y tiene derecho a que se le devuelva el mismo valor a petición. El dinero debe llevar la leyenda "Valor recibido" en lugar de "Promesa de pago" y también la declaración de que es de curso legal en el país de emisión. El público debería considerar que se emite para aplazar los pagos de que, de otro modo, se verían obligados a pagar mediante impuestos, y debería entender que, si en algún momento se emite demasiado, se retirará en parte imponiendo el impuesto aplazado y destruyendo la cantidad de dinero necesaria para evitar que el valor del resto caiga por debajo de la par. El dinero aparecería entonces públicamente por primera vez en su verdadera luz como una deuda flotante permanente sin intereses o una obligación de toda la comunidad hacia sus propietarios, reembolsable en bienes y servicios a petición mediante el intercambio mutuo dentro de la comunidad.

Crítica a las propuestas de nacionalizar la "banca"

Aparte de las etapas iniciales y de transición en las que puede y probablemente será necesario continuar con los créditos existentes a los productores hasta el momento en que puedan liberarse de la deuda -como lo harían rápidamente bajo un sistema monetario honesto- lo que la nación necesita no son más créditos a los productores sino más dinero para los consumidores, y la forma correcta de emitirlo es como un alivio para los contribuyentes en general. Las propuestas de los socialistas de nacionalizar la banca ni siquiera muestran comprensión de cómo operar el sistema para asegurar un nivel de precios interno estable, que es la *condición sine qua non* de cualquier avance real hacia una prosperidad económica justa. Parecen contemplar hacer precisamente lo que los bancos están haciendo ahora, con un coste final ruinoso para las industrias de la nación, con la única diferencia de que los beneficios se dedicarían a sus esfuerzos benéficos y de mejora en . Se argumentará, por supuesto, que los beneficios de la emisión de dinero nuevo se destinarían a ayudar a empresas *realmente* beneficiosas para el público. Pero esto, con la necesidad de que sean competitivas o formas de patrocinio gubernamental, es una contradicción en los términos. Se darán a quien el gobierno realmente considere oportuno, y eso, para estar seguros, es para ayudarse a sí mismos primero y todo el tiempo, ¡tal como se da ahora al Banco de Inglaterra y a través de él!

Los socialistas nunca parecen ser conscientes de que el propio pueblo es mejor juez de lo que necesita que cualquier gobierno que haya tenido en la historia pasada o que pueda tener en el futuro. Toda la estructura de amelioraciones y caridades, en la que se provee a los necesitados de lo que el contribuyente general puede verse obligado a proveer, caería por tierra, como una baraja de naipes, si todo el mundo tuviera la oportunidad de proveer de sus propios ingresos lo suficiente y de sobra para sus necesidades.

Más vale prevenir que curar

Prevenir es mejor que curar y el mundo se mantiene enfermo por aquellos que lo desean peor, para tener la oportunidad de curarlo. Esa es la característica más sorprendente del mundo actual. Las cosas van mal y, siempre después, hay intereses creados en la cura. Toda la burocracia moderna se ocupa de las consecuencias de errores bastante elementales y fácilmente comprensibles y es lo más impopular del mundo insinuar que los seres humanos son realmente mucho más capaces de cuidar de sí mismos que dejarlos en manos de aquellos que cuidan de sus dolencias. La cantidad de desempleo que resultaría de evitar los errores conocidos que han hecho descarrilar a la civilización científica es espantosa de contemplar. implicaría que la mayoría de las personas que ahora intentan vendernos cosas tuvieran que prestar sus servicios para producirlas, y que la mayoría de los que se ganan la vida ocupándose de los asuntos del Estado tuvieran que interesarse tranquilamente por los suyos. Es viejo como las colinas, la sabiduría hipocrática de la cura contrapuesta al cultivo esculapio de la salud, ahora convertido en universal; en resumen, charlatanería *contra* conocimiento. Libere en fuentes de vida y ocio el torrente de energía que el tecnólogo tiene ahora bajo control, y el mundo se curaría rápidamente de las malas hierbas que prosperan en su suelo hambriento.

Intereses deudores

Aunque la carga acumulativa de la deuda de las sociedades individualistas queda fuera en un sentido estricto, el tema está tan ligado a ella y es tan vital para el futuro de estas sociedades que no puede ignorarse. La explicación física es la cantidad mucho mayor de mano de obra que hay que emplear en las herramientas o instalaciones necesarias para hacer funcionar la producción de energía que en los métodos primitivos. La enorme capacidad de las modernas máquinas motrices permite la producción a una escala correspondiente, pero al mismo tiempo hace que el suministro de la planta necesaria esté fuera de la capacidad de los individuos. De ahí surgió la sociedad anónima, que permite utilizar los ahorros de un gran número de personas en una sola empresa.

En ningún ámbito se produce una inversión tan total de las ideas, al pasar de una economía de la necesidad a una economía de la abundancia, como en el de los intereses de las deudas.

En primer lugar, sería completamente erróneo suponer que existe alguna base física para las llamadas leyes del interés, simple y compuesto. La primera ley se aplica cuando el interés se paga periódicamente, y la segunda cuando no se paga sino que se acumula, devengando a su vez intereses. En su origen, estas leyes son puramente matemáticas. Se hacen ciertas suposiciones y se calculan cuantitativamente las consecuencias. Eso es todo. En qué consisten exactamente estas suposiciones, más allá del acuerdo de un individuo de pagar a otro tanto al año de intereses por el uso de tanto capital, sería difícil de decir. Son acuerdos puramente arbitrarios y convencionales sin ninguna justificación física necesaria. La justificación que se ofrece para el interés suele ser una vaga justificación biológica más que física, en la línea del incremento acumulado en la agricultura, cada semilla produce treinta, sesenta o incluso cien veces más. Pero en cualquiera puede cuestionar la base teórica del interés. En la práctica, sin embargo, no hay razón para que alguien se abstenga de consumir para prestar a otro, a menos que obtenga alguna ventaja de ello. Sin embargo, como hemos visto, a menos que los individuos deseen confiar sus canas a la benevolencia de los gobiernos, están obligados a intentar ahorrar en el apogeo de sus poderes. Por lo general, hay muchas razones similares, tales como proporcionar una mejor educación a sus hijos cuando están llegando a la madurez, y asegurarse contra accidentes, que son suficientemente convincentes, incluso sin el incentivo del incremento. La toma de conciencia de esto es responsable de muchas reformas sugeridas.

Si Incremento mirando hacia delante entonces Decremento mirando hacia atrás

Un corresponsal, Basil Paterson de Edimburgo, presentó al autor durante la redacción de este libro una interesante sugerencia que al menos indica lo puramente arbitrario que es en realidad el tratamiento matemático convencional del interés. Su argumento se basaba en una consideración como ésta. Aunque se acuerde pagar dentro de un año, digamos,£ 5 por el uso de 100 libras prestadas ahora, esto no es lo mismo que acordar pagar otra al final del segundo año. Más bien el valor de las £100 al final del primer año debe ser descontado a su valor presente £95, ahora, de modo que el interés del segundo año debe ser el cinco por ciento de £95 y así sucesivamente. ¿Y quién se lo negará? Parece darle al prestamista un poco de su propia medicina. Calcula que la consecuencia de esto sería reducir la ley del interés compuesto a lo mismo que la actual ley del interés simple. Para este último, tomando la ilustración anterior, y expresando el interés como una fracción en lugar de un porcentaje, los sucesivos pagos anuales de intereses serían un vigésimo, un vigésimo primero, un vigésimo segundo, un vigésimo tercero, un vigésimo cuarto, y así uno, convirtiéndose en un centésimo o uno por ciento después de ochenta años. Una de las aplicaciones reclamadas es en el negocio de los préstamos prendarios, donde el menor tipo de interés rentable se convierte en usurario si se prolonga durante algún tiempo, y que el método de estimación anterior tendería a corregir.

Ley de intereses de Paterson
Descuento del principal

Es interesante aplicar las matemáticas superiores a la idea anterior, y considerar, en lugar del incremento que se acumula paso a paso por intervalos anuales, un número infinito de períodos infinitesimales, para que el proceso sea continuo en lugar de suponer que ocurre por pasos anuales . Esto no afecta al resultado de que la ley del interés compuesto se reduce así a la ley ordinaria del interés simple, pero llegamos así a un resultado muy simple para la propia ley del interés simple. En estas circunstancias, como el tiempo aumenta indefinidamente sin límite, el interés total devengado se acerca cada vez más al principal en importe y nunca puede superarlo por mucho que dure el préstamo. La fórmula matemática que se aplica a este caso es la siguiente

$$iT = -230\,26\,[log_{10}(1-f)]$$

donde *i* es el tipo de interés en céntimos anuales, *T* el tiempo en años y *f* la fracción del principal que se devenga como interés. A partir de esto y

Tabla de interés simple (nueva ley) para 100 £ de principal

Años multiplicados por el tipo % anual	Interés total (Nueva Ley)			Ahorro para el deudor (en comparación con la antigua ley)		
	£	s.	d.	£	s.	d.
1		19	11			1
2	1	19	7			5
3	2	19	1			11
4	3	18	5		1	7
5	4	17	6		2	6
6	5	16	6		3	6
8	7	13	9		6	3
10	9	10	4		9	8
15	13	18	7	1	1	5
20	18	2	6	1	17	6
25	22	2	5	2	17	7
50	39	6	11	10	13	1
100	63	4	5	36	15	7
184'14	86	2	10	100	0	0
200	86	9	4	113	10	8
1000	99	19	11	900	0	1

una tabla de logaritmos se puede construir fácilmente la nueva tabla de intereses. En la tabla anterior, el interés devengado por cada 100 libras de capital se muestra en la columna central, el tiempo en años multiplicado por el tipo de interés por ciento anual en la primera columna, y el ahorro para el deudor por el nuevo método de cálculo en la última columna.

Lo anterior deja claro que, aunque para tipos de interés bajos y periodos cortos hay poca diferencia, para tipos altos y periodos largos la diferencia es enorme. El creador del esquema señaló que su objeción obvia es que anima al inversor a retirar y reinvertir su dinero cada año, pero eso es completamente imposible con préstamos permanentes a largo plazo y no amortizables como la deuda nacional. Si se aplicara a éstos, probablemente bastaría en lugar del simple plan de amortización al que se hace referencia más adelante. Otra posibilidad consistiría en seguir pagando los intereses al tipo ordinario y considerar la diferencia (indicada en la última columna) como un reembolso del fondo de amortización. En este modo de cálculo, los pagos se harían al tipo uniforme como ahora durante un tiempo limitado y luego se detendrían. En virtud de esta ley, este tiempo es de ciento ochenta y cuatro años y un séptimo dividido por el tipo de interés del cien por cien anual, como se indica en el cuadro anterior.

Las ideas de Gesell de
el propio dinero se deprecie

Una propuesta mucho más arrolladora es la del reformador monetario Silvio Gesell, que haría que todo el dinero se depreciara con el tiempo, digamos un cinco por ciento anual, o un céntimo de libra al mes. Sólo se mantendría vigente como moneda de curso legal sellándola periódicamente como una tarjeta de seguro. Si el público lo aceptara, y parece que le encantaría este tipo de edicto gubernamental, sin duda tendría algunas consecuencias notables . Se afirma que, por así decirlo, haría descender toda la escala de intereses en un cinco por ciento corporal, en el sentido de que donde ahora tendríamos que pagar un cuatro por ciento por un préstamo, entonces obtendríamos un uno por ciento por quitar el dinero de las manos del propietario y ahorrarle el deterioro del cinco por ciento. De ser así, todos los préstamos para obras públicas gubernamentales y municipales se harían con un beneficio del uno por ciento en lugar de con un tipo de interés del cuatro por ciento. La Cámara de Comercio británica defiende este sistema y es probable que resulte muy popular en los círculos municipales, si no en . La idea original de Gesell era evitar que nadie acumulara dinero, aumentar su "velocidad de circulación" y obligar a la gente que lo tuviera a gastarlo rápidamente. Pero la posibilidad al menos de este efecto de cambiar la base o línea de referencia a partir de la cual se calcula el incremento, de cero a un decremento del cinco por ciento, merece una consideración independiente, ya que todos los demás resultados estarían igualmente garantizados si el dinero se emitiera a nivel nacional como se describe sin hacer que se pudriera o depreciara.

Objeciones

El punto de vista adoptado en este libro es que el dinero es un contrato vinculante entre el propietario que ha cedido a cambio de nada, ni siquiera para el pago de intereses, el uso de bienes y servicios a la comunidad y, en justicia común, debería recibir de vuelta tanto como ha cedido. Gravar el dinero con un impuesto del cinco por ciento anual reportaría a la comunidad unos ingresos similares a los que obtendría si, en lugar de un tipo bancario del cinco por ciento sobre la emisión, la nación emitiera el dinero a cambio de títulos de deuda nacional destruidos, o en lugar de esto cobrara el cinco por ciento a los prestatarios existentes en lugar de a los bancos. Esto no significa negar que la nación podría hacer ambas cosas, es decir, tomar ella misma los beneficios de la emisión de los que ahora se apropian los bancos y luego cobrar un impuesto de mantenimiento o timbre del cinco por ciento anual para mantener el dinero al día. Pero realmente no parece haber justificación alguna para gravar el medio de cambio, y aunque a primera vista pueda ser difícil idear medios para eludir el pago, ciertamente crearía un poderoso estímulo a la mente inventiva para tratar de hacerlo. En este sentido, parece calculado para producir exactamente el efecto contrario al deseado. La gente trataría de negarse a aceptarlo con la misma fuerza con la que se vería obligada a gastarlo en y, aunque es cierto que podría causarles algunos problemas, el incentivo para utilizar el dinero lo menos posible y llegar a acuerdos mutuos con este fin sería tan grande como el incentivo para gastarlo tan pronto como lo recibieran. Mientras que, en el plan aquí defendido, el atesoramiento simplemente no importaría, ya que tiene el efecto, como se ha demostrado, de posponer indefinidamente el pago de impuestos, ya que se emitiría más dinero para compensar el aumento del atesoramiento si se produjera. Además, en lugar de convertir el dinero en una fuente aún más agitada de ansiedad y prisas, el plan que aquí se propone haría del dinero a crédito un instrumento social inestimable para liberar a los hombres de las preocupaciones financieras artificiales y de las ilusiones invertidas sobre el dinero fomentadas por el sistema actual.

La posibilidad de bajar arbitrariamente bajar los tipos de interés

La posibilidad, por no decir la conveniencia, de desplazar la línea de referencia a partir de la cual se cuenta el incremento a uno por debajo de cero, para empezar con un decremento inicial, no parece ir en contra, sino más bien en consonancia con el carácter, en el fondo, puramente arbitrario del interés en una época de abundancia potencial. En términos generales, así como en la época de la escasez, cuando la importancia de aumentar la producción era primordial, el sistema bancario desplazó la línea de referencia de la nada a un cinco por ciento más o menos por encima de cero mediante la emisión de dinero como una deuda a sí mismos, ahora que el énfasis está en el aumento del consumo no parece nada impracticable en la concepción de medios para reducirlo por debajo de cero, mediante la imposición de un impuesto o gravamen sobre su posesión. En un caso, las personas que lo debían tenían que pagar un cinco por ciento anual para que existiera y, en el otro, ¡las personas que lo poseen tienen que pagar un cinco por ciento anual para evitar que desaparezca!

El efecto probable en el aumento
Endeudamiento del capital

Pero cabe hacer un comentario más sobre este aspecto del esquema de Gesell.

Aunque no parece haber ninguna razón para dudar de que ahora tendría algún efecto, al menos en la reducción del tipo de interés general, no está tan claro cuál sería el efecto relativo en lo que respecta al endeudamiento no productivo (ya sean deudas antiguas o nuevas) y al capital productivo. A primera vista parecería que debería conducir a un rápido reembolso de las deudas existentes, en la medida en que las condiciones de la obligación lo permitieran, mediante la compra con dinero existente para escapar al impuesto, y su sustitución por deudas sin intereses o incluso ligeramente gravadas. Pero, en el caso del capital productivo, el dinero es un mero intermediario, y el capital productivo produce un ingreso de riqueza real que no puede redistribuirse tan fácilmente mediante impuestos, como el efecto de la llamada legislación socialista del último medio siglo deja bien claro. Por lo tanto, parece que, siendo limitado el fondo disponible para la inversión, la gente astuta suscribiría para empresas productivas en lugar de hacia el gasto no productivo, es decir, para "industriales" en lugar de bonos del gobierno y municipales. Aunque esto debería conducir a una disminución del tipo de interés sobre el dinero nuevo invertido en la industria, sería a expensas de una apreciación correspondiente de los valores de capital en lo que respecta al endeudamiento existente. En cuanto a la clase no productiva de préstamos, si no son rescatables, probablemente también deberían apreciarse en valor de cambio, y, en menor medida, si son rescatables. "¡Oh! qué enmarañada red tejemos cuando primero practicamos el engaño". ¿Es éste realmente el tipo de política monetaria necesaria o digna de una gran era científica?

Amortización directa de la deuda mediante impuestos

El plan del autor para reducir la carga de la deuda es bastante sencillo. Consiste en destinar el impuesto que grava lo que antes se denominaba "renta no devengada", o la parte derivada del ahorro, a la compra de la inversión, y los ingresos de la parte así adquirida al mismo fin. El efecto de esto es hacer que todas las deudas puedan extinguirse por amortización. Es conveniente expresar el tiempo necesario para la amortización completa en unidades de tiempo en las que el principal devuelve los intereses. Es decir, la unidad de tiempo es 100 dividido por i, donde i es el tipo de interés por ciento anual -veinte años para una inversión del cinco por ciento, veinticinco años para una inversión del cuatro por ciento, etc.-. En estas unidades, los tiempos para los distintos tipos del impuesto sobre la renta son los siguientes:-.

Tipo impositivo: la libra.	6/	5/	4/	3/	2/	1/ - en
Unidades de tiempo:	3'29	1'73	1'84	2'01	2'23	2'56

Tomando como ejemplo el tipo impositivo de 4 chelines por libra, el plazo sería de 40'2 años para una inversión con un rendimiento del cinco por ciento y de 50'25 años para otra con un rendimiento del cuatro por ciento anual. Con este tipo impositivo, aproximadamente tres cuartas partes del reembolso se efectúan mediante el pago de intereses sobre la parte ya reembolsada y sólo una cuarta parte mediante impuestos.

De este modo, la riqueza de capital productivo de la nación en el sentido definido pasaría automáticamente a ser propiedad de la nación después de haber devuelto al propietario intereses que varían de 1'73 veces el principal para un tipo impositivo de 6s. a 3'29 veces para un tipo IS. Puede denominarse amortización compuesta, en el sentido de que los intereses de la parte ya adquirida no se utilizan para gastos nacionales sino que se "ahorran" para comprar el principal. Para las deudas de capital no productivas de la naturaleza de la deuda nacional, para las que sería más natural la amortización simple que la compuesta, el tiempo requerido es, por supuesto, mucho más largo, siendo, para la mitad de la amortización, de unos setenta años para un tipo impositivo de 4 s. y una inversión del 5 por ciento. A medida que se reduce la cantidad de deuda no amortizada, la tasa de amortización es proporcionalmente más lenta, de modo que, teóricamente, siempre se aproxima pero nunca llega a cero. En la ilustración anterior, el uno por ciento quedaría sin amortizar al cabo de cuatrocientos sesenta años. En muchos aspectos, la sugerencia de Paterson ya comentada es superior para la amortización de esta clase de deuda permanente no productiva.

La nacionalización del capital es el "ahorro" nacional "

Las principales ventajas que se aducen a favor del sistema son que estaría en consonancia con el decrecimiento físico de la riqueza de capital acumulada y permitiría que la empresa privada mantuviera al día las instalaciones obsoletas y anticuadas. Pero en el futuro, cuando se liquide la deuda existente, la nación obtendrá ingresos de la propiedad del capital que podrán utilizarse para proporcionar dividendos nacionales a la nación. No es necesario discutirlo más aquí, excepto para llamar la atención sobre su característica novedosa en comparación con otros llamados esquemas de nacionalización política, que en realidad no confieren la propiedad del capital a la nación, sino que simplemente lo redistribuyen entre los propietarios individuales, simplemente multiplicando a los encargados de tareas. Esto se debe a que la nación también "ahorra" en lugar de limitarse a gastar sus ingresos procedentes de los impuestos.

Se preguntará cómo el Ministro de Hacienda va a cubrir el Gasto Nacional si una parte tan grande de los impuestos se destina a la Redención de Capital, y la respuesta está en las fuentes que ahora se utilizan para desmoralizar a la comunidad mediante una legislación mejoradora. Casi desde el momento en que se pusiera en marcha el nuevo sistema monetario, cesaría el desempleo, excepto en lo que se refiere a los realmente desempleados, y se produciría una gran expansión progresiva de los ingresos de la riqueza real producida, con el correspondiente aumento de la recaudación total de impuestos si la tasa permaneciera inalterada. Además, en lugar de que todo el capital se depreciase con la vejez y los nuevos inventos y mejoras quedasen bloqueados para su aplicación por la acumulación de estas colosales deudas impagables, el producto del rescate volvería al sistema de producción y estaría disponible para mantener al día toda la organización económica, sustituyendo los edificios y las instalaciones obsoletos y anticuados y empleando los métodos de producción más modernos y ahorradores de tiempo. En esto, la nación, como propietaria de una parte cada vez mayor del capital a través del plan de rescate, se beneficiaría no menos que los individuos que lo suministraron mediante la abstinencia de su propio consumo en primera instancia.

CAPÍTULO VIII

LA SITUACIÓN PRÁCTICA

¿Está la nueva o la vieja economía patas arriba?

En este libro se ha intentado la exposición crítica de los principales errores del pasado. Una civilización de promesas verdaderamente ilimitadas ha sido desviada de la amplia autopista del progreso y sumergida en un pantano de engaños y evasiones sin fondo, en el que ahora se debate y lucha sin rumbo, y del que es dudoso que vuelva a salir. Si ha sido necesario reforzar tanto el frío lenguaje impersonal de la ciencia mediante la denuncia de prácticas fraudulentas, es porque los retrasos son peligrosos y estas prácticas deberían ser ya bien conocidas por todos los hombres de buena voluntad deseosos de evitar otro holocausto.

Comenzamos nuestras investigaciones pidiendo al hombre ordinario que invierta su forma natural de ver su propio dinero y que considere cómo lo obtuvo (no siendo nada a cambio de algo), en lugar de su uso posterior para él, en el que simplemente recupera lo que se dio por él. Una vez que los hombres piensen de esa manera, el dinero mismo comenzará a aparecer como lo opuesto de lo que se supone que es, que es el prescindir de una vasta colección de bienes útiles y valiosos por la comunidad con pleno derecho a poseerlo, y que cualquier individuo es libre de poseer si lo desea, aunque de hecho sólo consiguiendo que otro tome su lugar en prescindir de él.

Al principio, sin duda, todas estas ideas parecen al revés, una inversión meramente pedante y voluntaria de la forma natural de ver el problema. Pero se puede afirmar sin temor a equivocarse que cualquiera que haya emprendido este camino y haya intentado seguirlo ya no podrá volver atrás. Nada en el mundo volverá a ser como antes. ¿Es la nueva visión la que está al revés o la vieja? Esas colas de desempleados desesperados y miserablemente alimentados que, si se extendieran en fila india, hombro con hombro, bordearían la autopista desde Lands End hasta John o' Groats y estarían apiñados para meterlos a todos, ¿son un signo de pobreza o de riqueza? Esas columnas y columnas de valores bursátiles que se extienden diariamente por las páginas de los periódicos matutinos, ¿son realmente una prueba de la prosperidad nacional? Sólo la deuda nacional, de unos 8.000 millones de libras, o 160 libras por hombre, mujer o niño, que reporta a alguien algo así como un millón de intereses cada día, ¿es deuda o riqueza? Todo depende del punto de vista. Si queremos comprender los problemas económicos nacionales, debemos abandonar por completo nuestras ideas convencionales y darnos la vuelta, al igual que tuvimos que hacer con el propio dinero para verlo bajo su verdadera luz.

Abundancia primero, reparto después

Por otra parte, qué completamente invertida aparece la mentalidad ordinaria derivada de la pasada era de la escasez, según la cual sólo hay una cantidad limitada de riqueza en el mundo y lo que alguien obtiene es a expensas de otro, y todas las celosas disputas sobre la parte de los intereses en conflicto en la producción, en lugar de una cooperación común y leal para aumentar la producción y proporcionar y distribuir más con menos trabajo. Por lo que se refiere a un momento dado, es cierto que sólo hay una cantidad disponible para distribuir y no más, pero en el sentido que se pretende es tan cierto como si cada proyectil disparado en la guerra se hubiera considerado como uno menos que queda por disparar, y totalmente falso. La riqueza es un flujo, no un almacén, y al igual que durante la guerra la producción de municiones aumentó constantemente cuanto más duró la guerra, en la paz la producción de las cosas consumidas y utilizadas en la vida podría, de no ser por el estrangulamiento monetario, aumentar continuamente en cualquier medida que se deseara razonablemente. Tal como están las cosas, en promedio, probablemente ni una de cada cinco personas está haciendo algo para producir o ayudar a otros a producir lo que se consume, y todo el trabajo productivo es llevado a cabo por una pequeña minoría. El resto de la población activa se dedica a negociar el precio e intentar vender el producto a personas que no tienen dinero suficiente para comprarlo, o bien se gana la vida obstruyendo y dificultando la producción. Lo mismo ocurre en la esfera internacional; se erigen enredos fiscales de todo tipo para impedir el intercambio fluido de la abundancia de una nación con la de otra.

La actitud del público ante los costes

Si hay un ámbito en el que es necesario un cambio de mentalidad, es el de la actitud del público ante los costes y su equivocada pasión por lo barato. Esta actitud está inducida, por supuesto, por la escasez artificial de dinero, pero ¿en qué acaba? Hoy en día se gasta mucho más en vender cosas que en fabricarlas. Aunque todo el mundo quiere que se le pague bien por su trabajo, y el precio no es otra cosa que la suma total de los pagos realizados desde el momento en que se inicia la producción hasta que se efectúa la venta, en cuanto la gente pasa de ganar dinero a gastarlo, todos a una quieren bajar el precio y, como los banqueros, quieren conseguir algo a cambio de nada. Acaban pagando, por término medio, probablemente el doble de lo que necesitan y reducen sus propios ingresos a la mitad de lo que podrían ser, ya que las tres cuartas partes del coste representan gastos innecesarios de regateo y negociación comercial, organización competitiva de las ventas y publicidad, que no contribuyen ni un ápice al valor recibido. El coste de distribución del producto, al igual que el coste de producción, debería conocerse con exactitud y reducirse al mínimo mediante una organización eficiente, en lugar de elevarse al máximo mediante una competencia innecesaria y derrochadora. Se podría hacer aún más para elevar el nivel general de vida, y dar a todos mayores ingresos y mayor ocio, desviando hacia la producción una proporción cada vez mayor de los que ahora se dedican a la distribución y venta, que mediante el empleo pleno y eficiente de toda la mano de obra y capital existentes. Las horas de trabajo y los salarios son puramente tradicionales. La jornada de ocho horas, que parecía una exigencia tan escandalosa para los capataces victorianos, se considera ya un máximo más que un mínimo. Libere a los trabajadores de la competencia de los trabajadores atrasados y menos civilizados liberando los intercambios, y proporcione automáticamente dinero suficiente para distribuir al precio competitivo real todos los bienes y servicios que el sistema de producción está produciendo realmente, y toda la nación podría vivir a una escala mucho más amplia y con mucho menos trabajo que ahora. Es ocioso dar estimaciones que no son más que conjeturas, aunque una quintuplicación de los ingresos con horas de trabajo mucho más cortas, como citan algunos tecnócratas en América, parece estar en Europa a la vista incluso de la gente que vive ahora. Pero es mucho mejor dar a la gente recursos monetarios suficientes para cultivar su vida personal y sus gustos según su propia elección que profesionalizar el ocio, la educación y la cultura y convertirlos en una fuente de beneficios comerciales.

La interferencia del gobierno en La economía no ayuda

Hay muchos que pueden estar en desacuerdo con la opinión del autor de que, si el dinero fuera liberado de su dominio sobre las funciones creativas de la sociedad y restaurado a su lugar adecuado como mecanismo de distribución, y si, por amortización o de otra manera, se impidiera la acumulación ilimitada de deuda comunal, y se redujera la ya acumulada, no hay mucho mal en el sistema económico productivo como tal. No cabe duda de que se albergarán todo tipo de temores en cuanto a las consecuencias, pero en opinión del autor ninguno de los problemas que puedan surgir será difícil de abordar, en caso de que se produzcan. Un sistema económico es necesariamente una condición de equilibrio que integra las acciones de los individuos que lo componen, y el resultado no puede dejar de ser un promedio de todos los esfuerzos realizados por los individuos para proveer de la manera más eficiente y menos despilfarradora a su propio sustento personal. Con una mejor comprensión física de los aspectos nacionales y de las convenciones que subyacen a la economía de los individuos, parece necesaria una interferencia cada vez menor del Gobierno y una dirección cada vez más inteligente por parte de aquellos que, dentro del propio sistema, se dedican activamente a la labor de abastecer y satisfacer las necesidades económicas de la comunidad. Si demasiada gente intenta "ahorrar", el tipo de interés bajará y hará que sea menos ventajoso hacerlo, y si el ahorro es insuficiente para mantener y aumentar el capital productivo, el tipo de interés subirá para contrarrestar la tendencia. En una Era de la Abundancia se puede dejar que estas cuestiones se ajusten por sí solas, una vez que el sistema monetario y de deuda se haya puesto en consonancia con la realidad física. Es la creación de dinero para el juego especulativo lo que distorsiona esta verdad.

Una evolución progresiva de la industria

Esto no significa negar la necesidad o la importancia de una evolución progresiva de la industria desde su actual servidumbre a la propiedad, y desde el último vestigio de servilismo económico o esclavitud. A este fin se dirigen los planes de los Gremio-Socialistas. Las amargas luchas del siglo pasado no habrán sido en vano si con ello han desarrollado entre el personal y las bases del trabajo una lealtad y un sentido de responsabilidad hacia sí mismos que deberían estar orgullosos de dedicar al trabajo de toda la comunidad. Pero todos estos avances dependen de un crecimiento gradual y ordenado que, en primer lugar, sólo puede lograrse mediante un aumento del nivel de vida. Esto se ve frenado y frustrado por la lucha perpetua y el sabotaje que han marcado las luchas del pasado, y que se deben principalmente a nuestro sistema monetario totalmente fraudulento. Lo mismo podría decirse de toda la legislación social mejoradora del siglo pasado, que se limitó a tratar y disminuir el sufrimiento ocasionado por el sistema monetario sin atacar inteligentemente la causa en un solo caso. Pero todos estos problemas sociales y políticos quedan fuera del ámbito propio de este libro, cuyo objetivo principal ha sido exponer en el papel legítimo del dinero, tratar fielmente el sistema existente tal y como ha crecido, y mostrar cómo está frustrando todos los esfuerzos por conseguir un estado de cosas más sano y feliz. Cualesquiera que sean los cambios sociales que la experiencia pueda dictar, ningún investigador imparcial sobre el tema del dinero hoy en día puede escapar a la conclusión de que, hasta que el sistema sea drásticamente transformado y sus errores eliminados, no puede haber esperanza de paz, honestidad o estabilidad de nuevo en este mundo.

Primero la reforma monetaria

Por muy deseable y necesario que sea revisar la maquinaria política, social y económica del Estado moderno para dejar espacio y libertad para que se desarrollen las nuevas posibilidades de vida introducidas por el progreso científico moderno, las dificultades peculiares que han acompañado a este progreso no se deben en modo alguno directamente a su obstrucción por viejos hábitos de pensamiento, sino por las nuevas y totalmente falsas ideas relativas al dinero. A este respecto, es necesario volver a la base fundamental del dinero como algo que ninguna persona privada debería poder crear para sí misma. Todos, por igual, deberían tener que ceder por dinero el valor equivalente en bienes y servicios antes de poder obtenerlo. Lo que tenemos ahora no es propiamente hablando un sistema monetario en absoluto, y el dinero de hoy, como algo que siempre se crea y se destruye pidiendo prestado y devolviendo, es un fenómeno nuevo en la historia. Así también todos los males familiares del día son nuevos en la historia. Todos ellos son consecuencia de un sistema monetario falso. El continuo crecimiento del desempleo es un ejemplo. El poder del empleo no viene dado en última instancia por la posesión de dinero, sino por la posesión de las necesidades físicas utilizadas y consumidas por el trabajador en el curso de su empleo. En lugar de que éstos sólo puedan ser obtenidos por personas que han renunciado a bienes o servicios equivalentes, el stock de medios de empleo de la nación se agota continuamente por desfalcos que sólo se diferencian de los pequeños fraudes de los falsificadores y falsificadores de billetes por su universalidad y colosal extensión. El desempleo moderno, como el dinero moderno, es un fenómeno nuevo. Ninguna persona que entienda realmente el significado físico de lo que está sucediendo en el mundo económico actual, a través de la arbitraria creación y destrucción privada de dinero, puede sentirse sorprendida de que el mundo haya sido llevado tan cerca del desastre.

Hasta un escolar puede entender la diferencia entre prestar a otro, que es prescindir de uno mismo, y prestar lo que pertenece a otro, evitando así tener que prescindir de uno mismo. Los economistas siguen escribiendo como si la nación existiera por el bien de los bancos, y el público se viera adecuadamente compensado porque los bancos no cobran a sus clientes ordinarios por sus servicios de mantenimiento de cuentas. Pero, sin duda, los bancos no son las personas en las que se puede confiar para asesorar sobre la situación económica de una gran nación comercial e industrial. El hombre corriente, al menos, apreciará la importancia de la honradez en el sistema monetario, aunque es probable que sobrestime en gran medida las dificultades para que la nación la consiga.

El sistema actual, en el filo de la navaja

Por parte de quienes se oponen fundamentalmente a cualquier reforma que estabilice el nivel interno de precios y evite la fluctuación incesante del valor del dinero del que obtienen su sustento mediante alguna forma de peculado, la cuestión se ha representado hasta ahora como una alternativa entre la fijación del nivel interno de precios o la fijación de las divisas. La verdad es, más bien, que estos intereses quieren que los bancos sigan siendo capaces de crear dinero, para sus propios usos y similares, sin tener que molestarse en encontrar prestamistas genuinos. Quieren una cierta subida inicial previsible de los precios, con las bolsas fijas o vinculadas para devolver el valor de nuevo a la par *después de* que los precios hayan subido. Quieren que los bancos, que les proporcionan dinero a cambio de nada, lo destruyan después de haberse beneficiado de su uso. Pero si se impidiera lo primero, la cuestión de las bolsas tendría mucha menos importancia.

Es cierto que si los bancos siguen teniendo libertad para elevar el nivel de los precios internos mediante préstamos ficticios y si éste no vuelve a bajar periódicamente mediante métodos tortuosos adoptados para fijar los intercambios, todas nuestras importaciones nos costarán proporcionalmente más caras, al igual que se devalúa el valor de la moneda nacional, y nuestras inversiones en el extranjero verán así reducido proporcionalmente su valor, tanto en lo que se refiere al principal como a los intereses. Lo contrario, por supuesto, se aplica al momento actual. Las políticas monetarias adoptadas para beneficiar a los rentistas en el interior operan tanto contra los deudores extranjeros como contra los nacionales y están demostrando ser una poderosa influencia desintegradora dentro del Imperio. Esta nación sólo puede culparse a sí misma si sus deudores extranjeros quiebran o encuentran otros medios de eludir por completo sus cargas artificialmente infladas.

El argumento habitual a favor de la vinculación de las bolsas es que, de lo contrario, se pondría en peligro la alimentación de la nación, que compra en gran medida al extranjero con el pago de intereses de inversiones pasadas. Pero como argumento en contra de que la nación emita su propio dinero es ridículo. Es el sistema actual el que se encuentra perpetuamente en un dilema y no sabe cómo manipular el nivel de precios interno sin poner en peligro las inversiones extranjeras. Si se impide lo primero, no ocurrirá lo segundo.

La necesidad económica de las fronteras

No obstante, seguirá habiendo intereses muy poderosos a favor de fijar los intercambios en lugar del nivel de precios interno. Lo habrán pensado así. Cuando los intercambios son libres, van por supuesto en contra del país en el que las mercancías son más caras de producir y a favor de aquellos en los que son más baratas, impidiendo así que los mercados de los primeros estén sometidos a la competencia de los segundos. Al cruzar la frontera, el dinero se ajusta automáticamente al coste de la vida en el nuevo país. Si son más bajos, el dinero pierde poder adquisitivo y, si son más altos, gana, de modo que siempre puede comprar prácticamente la misma riqueza, sea cual sea el lado de la frontera en que se encuentre. Pero según los principios financieros y pecuniarios ordinarios de los rentistas y banqueros, esto parece erróneo y, en su opinión, debería corregirse mediante alguna forma de fijar los intercambios. Parece absurdo que una persona en posesión de una renta monetaria fija, que cruza una frontera desde donde los bienes son caros y el nivel de vida y los salarios altos, no esté en mejor situación que antes de emigrar a un país donde los bienes son baratos y el nivel de vida y los salarios bajos.

El argumento realmente equivale a esto. Que una persona que ha ahorrado en un país y tiene unos ingresos definidos debería poder trasladarse a otro país y gastar sus ingresos donde pueda obtener más por ellos, que debería poder ganarlos en el mercado más alto y gastarlos en el más bajo. Las fronteras, que son una protección para los que tienen que ganarse la vida, son un obstáculo para los que no. Toda la propaganda en favor de la unificación de todo el mundo en una sola hermandad, cuando todos se encuentran aún en diferentes estadios de evolución y niveles de vida, aunque sin duda surgida de un sentimiento religioso falsamente idealista, es fomentada sediciosamente por quienes no tienen que ganarse la vida o, si la tienen, desean gastar lo que ganan en otro país. La diferencia entre dejar libres las bolsas e intentar estabilizarlas es que, si bien no se ofrece ningún impedimento a quienes desean residir en un país extranjero, no se obtiene ninguna ventaja económica por ello. Mientras que si se fijan las bolsas, es evidente que no es necesario emigrar para obtener la ventaja en el gasto de un nivel de vida más bajo en otro lugar. No importa si se fijan "automáticamente" por un patrón oro o, como parece haber sido también el caso en la depresión de 1929 en EE.UU., por una deflación arbitraria, el nivel de salarios y de vida en los países más avanzados se deprime por ello al nivel que prevalece en los países menos avanzados.

Libre intercambio significa libre comercio

Con unos intercambios exteriores libres no habría necesidad de barreras arancelarias ni de complicados acuerdos fiscales, las naciones tendrían libertad para comerciar en beneficio mutuo y no existiría el peligro de que el nivel general de vida de los más desarrollados se viera amenazado por la competencia exterior con el resto del mundo . Los verdaderos préstamos y empréstitos entre naciones dejarían de ser un peligro y pasarían a ser inobjetables si se fijaran los niveles de precios internos y se liberaran los intercambios . En resumen, toda la complicada parafernalia fiscal que ahora impide que las mercancías crucen las fronteras podría desaparecer si las monedas de los distintos países sólo pudieran intercambiarse a sus respectivos poderes adquisitivos cada una en su propio país, y si se abandonaran de una vez por todas las arbitrarias relaciones de paridad establecidas cuando todas eran convertibles en oro. Fijado así el nivel de precios en un país, las variaciones en los intercambios exteriores se deberían entonces casi exclusivamente a las variaciones de los niveles de precios en el extranjero, y esto, sin duda, es lo que debería ser.

Compromiso difícilmente viable

Muchas personas influyentes, aunque sólo sea porque se oponen a los cambios repentinos, desearán transigir continuando el sistema bancario con las modificaciones y salvaguardias que la filosofía moderna del dinero pueda sugerir. Pero no está en la naturaleza de la ciencia creer que la falsa contabilidad es una cuestión de compromiso. Algunos deben beneficiarse a costa de otros, y todo el argumento a favor del compromiso se dirige en realidad a averiguar exactamente cómo pueden ocultarse mejor los perjuicios del conocimiento de las víctimas desprevenidas.

Está claro que el punto vital sobre el que no es posible ningún compromiso es la cantidad agregada de dinero, que siempre debe ser conocida públicamente, como se reconoció para la antigua moneda simbólica que circuló en Atenas y Esparta muchos siglos antes de Cristo. El poder de aumentar o disminuir esta cantidad agregada de dinero debe ser arrebatado al sistema bancario e investido en el control central de la nación. Además, las últimas personas en las que se puede confiar para decidir si la emisión debe aumentar o disminuir son las que han nacido y crecido en la jerga del mercado monetario. Todas sus cantinelas - "auge especulativo", "prosperidad ficticia", "exceso de confianza" y similares-, tan fácilmente asimiladas por los supuestos estudiosos imparciales del dinero en el pasado, deberían ser ahora reconocidas universalmente como la forma educada de informar a los iniciados de que el nivel de vida de la clase trabajadora está aumentando peligrosamente por encima del nivel de subsistencia, y que se está diseñando la manipulación apropiada de la cantidad de dinero para reducirlo.

CAPÍTULO IX

HONESTIDAD LA MEJOR POLÍTICA MONETARIA

Los signos de una nueva verdad

Nuestra tarea no estaría completa si este libro no transmitiera a la mente del lector algún indicio de los signos, al principio a menudo leves, pero acumulativos y entrelazados, por los que un investigador científico o un pionero en nuevas regiones del pensamiento sabe cuándo está en terreno seguro, incluso cuando todos los demás pueden pensar que está loco. Esta es una cuestión filosófica de gran interés, ya que, si examinamos la historia del progreso, la dirección que ha tomado parece tan a menudo una cuestión de intuición y convicción, en lugar de depender de cualquier cosa que en su momento hubiera sido aceptada como prueba convincente o lógica. Sin embargo, tal vez se trate de un juicio externo o masivo de quienes, conscientemente o no, aceptan como prueba la experiencia práctica posterior más que los principios teóricos fundamentales.

Una de estas señales es, sin duda, cómo lo que no parece más que un rompecabezas de acontecimientos y enigmas inconexos de repente parece encajar en una imagen, para perderse de nuevo en una bruma de incertidumbre, pero siempre regresando, cada vez un poco más ordenado y definido.

Algo de esto debe haber sucedido a muchos que, una vez que han comenzado el camino de invertir las ilusiones convencionales, inducidas por la sustitución del dinero por la riqueza, no pueden volver atrás hasta que hayan restaurado la realidad concreta y las ideas físicas en todas partes al lugar que les corresponde, y no puedan sostener nunca más las creencias convencionales e impresionistas, que aún prevalecen hoy en día en cuanto a la causa y la cura del malestar del mundo. Parece existir una correspondencia satisfactoria entre toda la naturaleza del problema no resuelto y la interpretación que se hace de él, de modo que ni una sola de las enfermedades que afligen hoy las relaciones de los hombres se debe a una insuficiencia física real, como la que caracterizó a las épocas anteriores de la historia. Se deben exactamente a lo contrario, a la "sobreproducción", la "superabundancia", la competencia por los mercados, etc., que hacen que la existencia continuada de la pobreza y la indigencia sea un absurdo físico. Donde el Sr. Baldwin preguntaba "¿De qué sirve ser capaz de fabricar bienes si no se pueden vender?", el nuevo economista respondería de inmediato "¿Por qué no podemos venderlos? ¿Para qué sirve el dinero?" y así cortaría de una vez el nudo gordiano de toda la maraña.

Otro signo es la proyección de la nueva visión hacia el pasado, y cómo, también allí, arroja luz sobre lo que antes era misterioso e inexplicable. En este sentido, es una señal gratificante que muchos estudiantes modernos de historia estén empezando a darse cuenta del importante papel desempeñado por las causas monetarias en los cambios de fortuna y dirección que han afectado a las naciones. Ahora están comprendiendo que estas causas monetarias dan una interpretación mucho más verdadera del verdadero fermento en acción que las personalidades y los motivos de aquellos que fueron aparentemente los actores principales en el drama. En la historia del siglo pasado hemos tenido ocasión de observar cómo ha estado operando el patrón oro, y cómo ha sido completamente incapaz de limitar, como se pretendía, el efecto de un falso sistema monetario a cada país individual, sino que gradualmente ha extendido y ampliado el área de perturbación hasta que ahora envuelve al mundo entero.

Otro signo del poder de una idea nueva y verdadera es su extensión desde su aplicación inmediata para arrojar nueva luz sobre problemas afines. Así, hemos visto que el mismo error que explica el fracaso del sistema monetario explica también las viejas confusiones en la esfera política y económica con respecto al capital, y la lucha crónica, tan dudosa ahora como siempre en cuanto a la cuestión, entre lo que se denomina capitalismo o individualismo y el socialismo.

Estos son, pues, algunos de los canales a través de los cuales una nueva idea se abre camino en la mente general a pesar de estar en oposición a los hábitos de pensamiento heredados y estereotipados, y es la gloria significativa de nuestra época que debido a la aceleración general en el ritmo de vida, a la educación más amplia y más liberal, no sólo del tipo formal , sino en la propia atmósfera que respira un ciudadano moderno, este período de incubación se está acortando increíblemente. De modo que, mientras que hace un siglo se necesitaban tres o cuatro generaciones para que algo nuevo en el pensamiento calara en la mente general, hoy vemos que todo el proceso se desarrolla ante nuestros ojos de año en año. Una vez comprendido el hecho fundamental de que vivimos en una época que sólo se distingue por su ciencia y por su comprensión y control de las realidades físicas del mundo exterior, entonces, sin duda, debemos aceptar el corolario de que no se puede permitir que continúe nada que se oponga a la realidad física. Cualquier intento de ordenar el mundo por un camino físicamente infranqueable es contrario a la fuerza motriz del progreso y, si se persiste en ello, sólo puede traer el desastre. En resumen, vivimos en una era científica, cuyo propósito se ve frustrado por la supervivencia de creencias en el dinero, como mecanismo práctico de distribución, que son exactamente opuestas a las que han hecho posible esa era. Los síntomas y repercusiones son de una oscuridad y complejidad infinitas, pero el remedio no es ni oscuro ni complejo. Es tan devastadoramente sencillo y eficaz como corregir un error de aritmética.

La reforma monetaria empieza en casa. El plan de EE.UU.

Muchas personas desean hacer de la reforma monetaria una cuestión internacional, y tienen la vaga idea de que el dinero debe ser internacional. Algunos de los intereses a favor de esto, aquellos que desean que pueda ganar en el mercado más alto y gastar en el más bajo, acaban de ser mencionados. Otros creen que hasta que no se controle al banquero internacional es ocioso intentar ocuparse del sistema monetario interno. Muchos piensan que la política del presidente Roosevelt está realmente dirigida a una prueba de fuerza con los intereses monetarios internacionales antes de tratar con los más cercanos. Independientemente de lo que se piense de ella, no parece contener todavía un solo principio claro que, en opinión del autor, sea esencial para cualquier verdadera reforma permanente. El gasto nacional en la reconstrucción económica de América es de una escala que cargará a los Estados Unidos con una nueva deuda permanente, lo que implica un aumento de los impuestos en la medida de algo así como 100 de libras adicionales al año.

Ahora bien, es un error imaginar que pueda haber algo en absoluto antagónico a los intereses monetarios en una política diseñada para aumentar la deuda nacional, ya que, a fin de cuentas, ese es el principal objeto y propósito hoy en día de la propia guerra. Por muy superficialmente que pueda ser criticada como extravagante, está en la línea principal de menor resistencia del viejo sistema. El objeto de ese sistema es el aumento de todas las formas de deuda nacional. La prueba de fuego de la reforma es su redención o amortización con cargo a los ingresos. Todo esto habría sido totalmente innecesario, si la nación americana hubiera dado desde el principio el único paso seguro hacia el éxito final, en lugar de posponerlo y quizás nunca alcanzarlo. El primer paso consiste en abordar la cuestión del dinero en sí. Porque tanto el poder de la banca internacional como el de la interna dependen de la capacidad de mantener el nivel interno de precios siempre en movimiento. Pongan esto bajo control estadístico nacional, haciendo que todo el dinero sea nacional y regulando la cantidad total emitida, y liberen los cambios extranjeros, y una nación con un sistema monetario honesto no tiene nada que temer de la manipulación del nivel de precios en otros países. Pero si se deja el dinero nacional deshonesto y se permite que su nivel de precios varíe creándolo y destruyéndolo según las necesidades de los especuladores, tarde o temprano será víctima segura de un ataque externo destinado a reducir su nivel de vida al más bajo que prevalezca en otros lugares.

En este sentido, Estados Unidos es ciertamente más fuerte y más capaz de protegerse a sí mismo que las naciones más antiguas y más endeudadas de Europa. Puede ser, como todos los hombres sensatos deben esperar, que los valientes pasos positivos dados por el Presidente de los Estados Unidos para derrotar la parálisis artificial de su sistema económico por el sistema bancario le dejen lo suficientemente fuerte y respetado políticamente como para hacer algo que probablemente sea más permanentemente efectivo que cualquier cosa que haya intentado hasta ahora, que sea capaz, de hecho, de dar al mundo un sistema monetario basado en la realidad física. Pero esto todavía parece estar muy muy en duda. Si se argumenta que la rapidez era la esencia del problema y que era esencial obtener beneficios rápidos debido a la aguda angustia generalizada, es tan rápido emitir dinero nuevo correctamente como incorrectamente, cuando se comprenden los principios implicados. En cualquier caso, la nación había tenido que asumir el control provisional sobre todo el sistema bancario, y en estas circunstancias, a la espera de la completa abolición de la emisión privada de dinero, la cantidad existente podría haberse estabilizado, y aumentado mediante emisiones nacionales. Si esto se hubiera hecho obteniendo préstamos genuinos y poniéndolos de nuevo en circulación mediante la emisión de nuevo dinero con la correspondiente condonación de impuestos, el nivel de precios no se habría visto perturbado. Por otra parte, si el objetivo fuera deliberadamente elevar los precios, nadie puede pretender que haya ninguna dificultad en hacerlo: los préstamos genuinos no habrían sido necesarios en esa medida. La situación habría estado entonces desde el primer momento absolutamente bajo control nacional.

Sinopsis de los principios de la reforma

Sea como sea, no cabe duda de lo que hay que hacer. El dinero es una deuda que no puede ser pagada porque no existe nada con qué pagarla, y el capital es una deuda que no puede ser pagada porque contra ella existen cosas de uso social solamente, que nunca más pueden ser convertidas en lo que los individuos requieren y consumen. En cuanto al primero, que sea emitido por y para toda la nación, a medida que aparezcan en el mercado bienes de uso y consumo sin dinero y que no puedan venderse sin forzar los precios a la baja. En cuanto a la segunda, que todas las deudas sean reembolsables, destinando a su amortización una parte de los ingresos que produzcan y, en el caso de las deudas permanentes no productivas, calculando el rendimiento para permitir el descuento del valor futuro del principal a su valor en el presente, así como el incremento de ese valor en el futuro. Tengamos, en el primero, contadores físicos en lugar de ceros mágicos bajo cero, y en el segundo, si los incrementos mirando hacia delante también los decrementos mirando hacia atrás.

En cuanto a las etapas de transición, fijar un índice de precios sobre el coste de los gastos más importantes de un hogar medio de clase media, exigir a los bancos que mantengan siempre libra por libra de dinero nacional contra sus cuentas corrientes giradas por cheque, crear una oficina estadística consultiva nacional sobre una base científica independiente y reconstituir la fábrica de la moneda para la emisión de todo el dinero. Evitar como la peste los proyectos de nacionalización de los bancos. El objetivo es poner fin a la acuñación privada y nacionalizar el dinero, no controlar las instituciones financieras legítimas. En el futuro, destinar, por un lado, el producto de la emisión de dinero al alivio de los contribuyentes y, por otro, el producto de los impuestos sobre las "rentas no devengadas" a la compra para de la nación del capital del que proceden. Éstos cubren al menos todo lo que parece fundamental y esencial en lo que se refiere a la reforma interna del sistema de la manera más directa y abierta posible, y con la mínima interferencia en la organización económica de la nación.

Liberar las bolsas

En cuanto a sus "transacciones económicas exteriores", tanto con otras naciones como con los miembros de su propia familia, libere los intercambios y póngalos también bajo supervisión nacional. Que encuentren su propio nivel y no arrastren a las naciones al nivel de los más bajos. Olvidemos cuántos dólares en América, francos en Francia, o marcos en Alemania solían ir a la libra bajo el patrón oro, y asegurémonos de que vayan a la libra tantos como los que compren en el país en cuestión lo mismo que la libra aquí. Reduzcan el oro al rango de una mercancía meramente para facilitar la liquidación internacional y dejen que se compre y venda como cualquier otra mercancía. Entonces no hay ninguna ventaja o desventaja en el intercambio del dinero de un país por otro que no se corrija inmediatamente haciendo más fácil la liquidación mediante bienes que mediante el intercambio de dinero. Entonces los países sólo pueden prestar sus propios bienes y servicios y ser reembolsados con los de sus deudores. En lugar de ser rivales y enemigos en los mercados de los demás y establecer barreras arancelarias para proteger los suyos, y ser todos por igual los engañados de complicadas operaciones financieras de en las que A presta lo que B toma prestado y C suministra, las naciones estarán protegidas por sus intercambios, y por fin encontrarán la paz.

¿Demandas altas? Sí, pero aún no se ha dicho la mitad. Dejemos que una sola nación se alce armada con la vestimenta de la honestidad, y podrá enfrentarse al mundo sin temor a las argucias y conspiraciones que todavía sirven a los sistemas monetarios de otros países. Roosevelt, al parecer, no lo cree políticamente, pero sin embargo parece ser científicamente cierto. La reforma empieza en casa. Que la Sociedad de Naciones se ocupe de esto. Intentar reformar el mundo entero sin ocuparse primero del mal que hay entre nosotros puede ser una cruzada, pero no es política práctica. En cambio, ceñirnos la espada y el escudo de la verdad sería convertir al mundo entero en nuestro aliado, aunque todo el exterior siguiera en manos del poder del dinero. Como el Mayor Douglas ha dicho sabiamente, en el mismo sentido, no se resuelve un problema haciéndolo más grande.

La verdadera dictadura universal

Sin duda, muchos ridiculizarán la idea de que una noción tan infantil como el recuento honesto sea, en estos días, la clave de problemas que han desconcertado durante generaciones la sabiduría colectiva de los estadistas y asesores del mundo. Pero, ¿qué les debe el mundo moderno? Es un mundo que ha sido creado precisamente por este tipo de honestidad y por la abolición de todos los pretendidos milagros, en el reino de las realidades físicas, al limbo de la superstición y la magia.

Es curioso que la descripción más antigua de la máquina de vapor en la antigüedad describa su uso para la apertura mágica de las puertas de los templos, cuando los sacerdotes encendían los fuegos en los altares, para engañar al pueblo y atribuir a una deidad lo que era obra del ingeniero. De manera muy similar hoy en día, la fecundidad casi ilimitada de los descubrimientos científicos creativos y las invenciones de la época se están apropiando con el propósito de la misteriosa apertura de puertas en el lugar santísimo de los templos de mammon por una jerarquía de impostores y humbugs, que es la primera tarea de una civilización sana para exponer y limpiar.

Acabemos con la pretensión de que la economía no debe ocuparse de la moral, ya que el tipo de moral que está en cuestión es el que la economía toma como algo natural, o de lo contrario no podría existir en absoluto un sistema económico. El público, si no los economistas, después de la experiencia de la guerra y la posguerra, es ahora plenamente consciente de la insidiosa estafa a la que se ha prestado el sistema de creación y destrucción de dinero, y debería insistir en que el dinero honesto es infinitamente más importante que los pesos y medidas honestos. El "sistema de crédito", que el siglo pasado fue venerado como un gran avance en la facilitación del comercio y la especulación, aparece ahora como un dispositivo bastante infantil para calcular el dinero a partir de una línea de referencia siempre variable por debajo del cero, sin duda útil en un tiempo, pero que ahora vuelve a la carga.

Miles de libras esterlinas en bienes valiosos, que han tardado meses en fabricarse, pasan a manos de personas que no han contribuido ni un ápice a su fabricación mediante un rasguño en en un libro de cuentas tras las puertas del santuario de algún director de banco. Millones de horas de trabajo se invierten en un envío de mercancías, tal vez al otro lado del mundo, y, ¡hola! presto, se paga al exportador por ellas y se le da un permiso para recuperarse de las mercancías de su propia nación antes incluso de que las que ha vendido salgan del puerto. Peor aún, cuando las mercancías extranjeras llegan para pagarlas, el dinero creado desaparece. De modo que, bajo el abracadabra cabalístico de los "efectos descontados", las "aceptaciones", el "dinero a la vista y a corto plazo", la coexistencia de las naciones se está convirtiendo en un imposible, y ellas también deben desaparecer, para que nada impida la consecución de lo físicamente imposible, el recuento por debajo del nivel en el que hay algo que contar.

Que nadie se equivoque sobre lo que está mal. No es la letra de cambio en sí misma ni ninguno de los dispositivos legítimos que el mundo comercial ha inventado para facilitar el comercio internacional, sino todos los trucos bancarios que no podrían realizarse si el dinero estuviera hecho de fichas o contadores físicos, que no pueden hacerse negativos en número. Si esto fuera así, entonces nadie, puede obtener dinero sin que otro lo entregue, excepto el Estado que emite el dinero en primera instancia. La prueba del ácido, como el remedio, es en realidad devastadoramente simple, pero eso no impedirá que los banqueros se opongan a ella hasta las últimas consecuencias y, mientras hacen todo tipo de ridículas afirmaciones de que no están creando y destruyendo dinero continuamente con sus métodos, no quieren que tales afirmaciones se sometan a esta simple prueba física.

¿Es tan absurdo sugerir que todo el complejo de la locura mundial podría curarse y se curaría sustituyendo al banquero por una honesta máquina de sumar? Ese tipo de dictadura ya existe universalmente de hecho, sea cual sea la pretensión, y la nación que primero reconozca la verdad no necesitará establecer ningún otro dictador dentro de su reino ni temer agresiones o interferencias del exterior.

Reculer Pour Mieux Sauter

Así hemos rastreado el origen del actual malestar social e internacional, y la frustración de los beneficiosos avances e inventos científicos que han puesto al servicio del hombre las fuerzas primarias de la Naturaleza, a una sola causa, ¡a deudas que por su naturaleza nunca podrán ser pagadas! Se han distinguido dos clases. La primera es la deuda de bienes y servicios a la que se renuncia cuando aparece el dinero, para sustituir el intercambio directo por el trueque y salvar el intervalo de tiempo entre la producción y el uso o consumo final. La segunda es la deuda de capital de dinero entregado por los individuos, para proporcionar a la comunidad los bienes y servicios necesarios para construir la organización productiva general, que *se consumen* en la producción de la planta y los accesorios necesarios antes del inicio de la producción. Estos productos no tienen ninguna utilidad para el consumidor y, por su naturaleza, nunca pueden distribuirse para reembolsar a los acreedores.

Para aliviar los males del mundo, se han probado en vano todas las formas de engaño, evasión y aplazamiento, y se han propuesto muchas otras, pero hay un remedio que sigue pasando desapercibido, que se distingue por su franqueza, sencillez y eficacia de todos los paliativos, mejorías y compromisos, de los ciegos antagonismos y conflictos internos e internacionales y de la fatigosa ronda de luchas sociales y económicas. Es la verdad. La honestidad es la mejor política, y en ningún aspecto podría ser más obvio el viejo adagio que en lo que se refiere al dinero mismo. A este respecto, como dicen los franceses, *reculer pour mieux sauter*. No demos un solo paso adelante hasta que hayamos dado el primero atrás.

¿Qué es lícito crear
-¿Riqueza o dinero?

Nuestra maquinaria política, social y jurídica puede estar anticuada y necesitar cambios de pensamiento y práctica para dar cabida a las nuevas condiciones y modos en que los hombres obtienen su sustento. Nuestras formas de asociación humana pueden estar moribundas, nuestra creencia en ellas tambaleante y el espíritu de los hombres en eclipse. Pero éstas no son causas sino consecuencias. ¿Quién se atreve a pretender que está fuera de la ley y de la constitución de éste o de cualquier otro país conseguir aligerar el trabajo de la vida y hacer que los hombres vivan menos como bestias? ¿O quién se atreve a decir que está dentro de la ley pronunciar y destruir el dinero

El sistema monetario no es anticuado ni senil. Es nuevo, advenedizo e imperioso, derrota el progreso tecnológico convirtiéndolo en canales de destrucción, y desafía la autonomía no de una nación sino de todas por igual, de modo que ahora las autoridades originales constituidas para la preservación de esa autonomía necesitan adularlo para gobernar. Obstaculizado por las fronteras nacionales, nada puede satisfacerlo hasta que todo el mundo sea seguro para la banca, para que su insolvencia fundamental pueda desafiar la exposición. Bajo el engañoso disfraz de una unificación de la humanidad, aspira a una dictadura absoluta bajo la cual nadie podrá vivir si no es por su favor y para el avance de sus trascendentes caprichos.

A la manera británica

No desechemos, como han hecho otros países en las garras de estas innovaciones antisociales, un crecimiento peculiarmente nativo, la libertad del individuo y de la vida personal, ni nos dejemos llevar a paroxismos de desesperación inútil bajo este nuevo absolutismo. Veámoslo como lo que es, derivando su poder del préstamo de licencias para vivir, sus ingresos del tributo que todos sin excepción deben pagarle, y su irresistible dominio de la consecuencia, que sólo ahora se está dando cuenta a un mundo engañado de que, siendo sus préstamos ficticios, sus billetes de empeño nunca pueden ser redimidos. Retrocedamos donde otros no se han atrevido a avanzar, y avancemos donde ellos han tenido que retroceder. No esclavicemos a los hombres para que los farsantes puedan gobernar, sino recuperemos nuestros poderes soberanos sobre el dinero para que los hombres puedan ser libres. Es un camino que los británicos ya han recorrido antes.

El costoso sistema de maquinaria jurídica que mantenemos para evitar que sucedan tales cosas no surgió ni creció en la estima pública por ser el asalariado del gobierno, sino porque antaño fue el baluarte de los pueblos contra la traición de los gobiernos. Aunque mentir por encargo sea el camino más fácil para ascender, probar la verdad sigue siendo el fin de la ley. Incluso cuando los heraldos de un nuevo Armagedón están alzando el vuelo, dejemos que se pruebe la verdad, dentro o fuera de la ley. Fingir que no se oye nada, que no se sabe nada, los órganos de la educación pública drogados, los fuertes en una trampa y los sabios en una niebla, ¿es también uno de los males de la ciencia o su negación?

¿La cuestión debe dirimirse en los tribunales o en las urnas? ¿Es necesaria una mayoría para restablecer una ley que no ha sido derogada, para acabar con la falsificación porque ha acogido a todo el mundo? ¿Es necesario saltarse la ley para reivindicar la ley, o confiar en las organizaciones democráticas, siempre oficializadas de antemano por los mismos intereses a los que ostensiblemente se oponen? ¿Es posible transigir con una mentira inventando otras nuevas para encubrir la primera? Devolvamos nuestro sistema monetario al estrecho margen de la honradez como primer paso para dar un salto adelante en el ancho margen del progreso. Envenena el aire que respiran los hombres, los pudre para la vida o los engorda para la muerte, e imputa su maldición a la ciencia.

El verdadero antagonista

El sistema monetario se basa en realidad en el mismo error a cuya negación a quemarropa debe su grandeza la civilización occidental. Sólo sirve a la conveniencia de una plutocracia parasitaria y advenediza que practica una sabiduría mundana exactamente opuesta a la que constituye el fundamento de la época. Prefiere la oscuridad en tiempos en que todos los hombres buscan la luz, y está sembrando las semillas del odio y la guerra en un mundo cansado hasta la muerte de las contiendas. Está envenenando los pozos de la civilización occidental, y la ciencia debe abandonar la conquista de la Naturaleza para enfrentarse a un antagonista más siniestro, o perderá todo lo que ha ganado.

ENVOI

*Claros como aguas cristalinas brotan los manantiales de
la Verdad.
Tan clara como una vez brotó la ciencia que desató
La corriente de la riqueza ahora represada y en aumento
Para barrer la edad que rehúye renacer.*

*Virgen brota la fuente de nuevo, un momento nacido
Sin mancha del coito, un momento Dios
Para forjar el latido de la humanidad
Y llevar la creencia a ser entera y sana.*

BIBLIOGRAFÍA

1. *Riqueza Virtual Riqueza y Deuda.* F. Soddy. (Allen y Unwin.) 1926. Nueva edición con añadidos, 1933.

Contiene las ideas originales de la Teoría Energética de la Riqueza, y la Teoría de la Riqueza Virtual del Dinero, adumbradas en *Economía Cartesiana* (Hendersons), 1922, y otros panfletos.

2. *El dinero contra el hombre.* F. Soddy. (Elkin Mathews y Marrot.) 1931. Un relato sucinto del mismo.

Entre los libros que más se acercan a los puntos de vista anteriores cabe mencionar:

3. *La principal causa del desempleo.* Denis W. Maxwell. (Williams y Norgate.) 1932. 75. 6J.

4. *Promise to Pay,* R. McNair Wilson. (Routledge e Hijos.) 1934. Omnia Veritas Ltd, 2014.

(Ambos tratan en particular del comercio internacional, y el último pretende, con justicia, hacer inteligible la cuestión a cualquier persona mayor de 16 años).

Otro libro reciente, que trata de la situación en varios países, es

5. *La descomposición del dinero: Una explicación histórica.* C. Hollis. (Sheed and Ward.) 1934.

Para una exposición moderada de las propuestas de "Crédito Social" del Mayor Douglas, que contiene una bibliografía de la literatura, véase:

6. *This Age of Plenty.* C. Marshall Hattersley. (Sir Isaac Pitman and Sons.) 1929.

Los siguientes son el primer y el último libro de S. A. Reeve:

7. *Coste de la competencia.* S. A. Reeve. (Nueva York: McClure, Phillips and Co.) 1906. Trata del despilfarro de esfuerzos en el "Comercialismo" competitivo.

8. *Las leyes naturales de la convulsión* social. S. A. Reeve. (Nueva York: Dutton and Co.) 1933. Da la teoría de Guerras y Revolución adoptada en este libro.

El sistema y las propuestas de Silvio Gesell se encuentran en:

9. *El orden económico natural.* Silvio Gesell, traducido por P. Pye de la 6.ª edición alemana (Neo-Verlag, Berlín-Frahnau), 1929.

10. *Dinero gratis.* J. Henry Büchi. (Search Publishing Co.) 1933. 5.

11. *Stamp Scrip.* Irving Fisher. (Adelphi Co., Nueva York.) 1933; Describe la repentina difusión del dinero de Gesell en los EE.UU., y pretende ser una guía práctica para los municipios que deseen adoptar la nueva forma de moneda.

Para información sobre Tecnocracia:

12. *The A.B.C, of Technocracy,* Frank Arkright. (Hamish Hamilton.) 1933. is. td.

13. *¿Qué es la tecnocracia?* Allen Raymond. (McGraw Hill Book Co.) 1933. 65.

14. *Los ingenieros y el sistema de precios.* Thorstein Veblen. 1921. Reimpresión Viking Press, Nueva York, 1934.

15. *La economía de la abundancia.* Stewart Chase [Macmillan and Co., Nueva York]. 1934.

El libro ortodoxo más franco sobre el dinero (desde el punto de vista socialista) es:

16. *Lo que todo el mundo quiere saber sobre el dinero.* G. D. H. Cole y otros ocho. (Victor Gollancz, Ltd.) 1933. 5.

Se trata de un excelente relato de la historia temprana de la "banca" y de las consecuencias de los intentos del Gobierno por regularla:

17. *Justicia industrial a través de la reforma bancaria.* Henry Meulen. (R. J. James, Ltd.) 1917.

Dos libros sobre la actual "depresión

18. *¿Por qué la crisis?* Lord Melchett. (V. Gollancz, Ltd.) 1931.

19. *La verdad sobre la depresión.* A. N. Field. P.O. Box 154, Nelson, Nueva Zelanda. 1932. (Impresión privada.)

Cabe citar algunos de los numerosos escritos de Arthur Kitson, decano de los reformistas monetarios británicos:

20. *A Scientific Solution of the Money Question.* 1894.

21. *A Corner in Gold.* (P. S. King e hijo.) 1904.

22. *A Fraudulent* Standard. (P. S. King e hijo.) 1917.

23. *El desempleo. The Cause and a Remedy.* (Cecil Palmer.) 1921.

24. *La conspiración de los banqueros que inició la crisis mundial,* (Elliot Stock.) 1933.

Por último, un estudio reciente sobre las doctrinas de la Nueva Economía:

25. *La Idolatría Moderna. Un análisis de la usura y la patología de la deuda.* Jeffry Mark [Chatto y Windus]. 1934.

Otros títulos

ⒺMNIAVERITAS.

OMNIA VERITAS LTD PRESENTA:

En lugar de permitir que los judíos sigan con su peligroso planteamiento racista y supremacista autodenominándose "el pueblo elegido de Dios", los estadounidenses deberían combatirlo...

EL ENEMIGO INTERIOR

Los cabras de Judá

Michael Collins Piper

¡Rompamos la espalda al lobby sionista y cambiemos la política estadounidense!

ⒺMNIAVERITAS.

OMNIA VERITAS LTD PRESENTA:

La bomba nuclear israelí está empujando a la civilización hacia el Armagedón global, y la perpetuación de este programa armamentístico incontrolado ha tomado al mundo como rehén...

EL GÓLEM

Michael Collins Piper

Los partidarios de Israel han secuestrado la política internacional de EE.UU.

ⒺMNIAVERITAS.

OMNIA VERITAS LTD PRESENTA:

Las fuerzas del Nuevo Orden Mundial se han unido en torno al imperio internacional de la dinastía Rothschild, cuyos tentáculos se extienden ahora hasta los niveles más altos del sistema estadounidense...

EL IMPERIO ROTHSCHILD

Michael Collins Piper

Conquistar el mundo es el objetivo final

OMNIAVERITAS. OMNIA VERITAS LTD PRESENTA:

El Estado de Israel no es más que el símbolo de un sueño ancestral que, en realidad, se ha hecho realidad aquí mismo, en Estados Unidos: la nueva Jerusalén...

Aquellos que reinan con la sola fuerza de su poder financiero...

OMNIAVERITAS. OMNIA VERITAS LTD PRESENTA:

La base de la agenda neoconservadora -desde el principio- no fue sólo la seguridad, sino también el avance imperial del Estado de Israel...

La Guerra Fría fue realmente un engaño...

OMNIAVERITAS. OMNIA VERITAS LTD PRESENTA:

La verdad es que los extremistas musulmanes han demostrado ser herramientas útiles (aunque a menudo involuntarias) para hacer avanzar la agenda geopolítica de Israel...

¿Por qué iba Israel a apoyar en secreto a extremistas islámicos fundamentalistas?

Se trata claramente de Israel y su Mossad, la única fuerza que vincula a todos los presuntos conspiradores mencionados con más frecuencia: la CIA, las fuerzas anticastristas cubanas, el crimen organizado y, más concretamente, el sindicato del crimen de Meyer Lansky...

OMNIA VERITAS LTD PRESENTA:

JUICIO FINAL
el eslabón perdido del asesinato de JFK
de Michael Collins Piper
Volumen I

El papel del Mossad y de Israel en el crimen del siglo

Los hechos son los hechos: de los 22 abogados de la Comisión Warren, nueve eran judíos. Uno estaba casado con una judía. Varios otros tenían vínculos con el lobby israelí...

OMNIA VERITAS LTD PRESENTA:

JUICIO FINAL
el eslabón perdido del asesinato de JFK
de Michael Collins Piper
Volumen II

Lo que la mayoría de los investigadores nunca se han molestado en examinar

OMNIA VERITAS LTD PRESENTA:

LA DIPLOMACIA DEL ENGAÑO
UN RELATO DE LA TRAICIÓN DE LOS GOBIERNOS DE INGLATERRA Y LOS ESTADOS UNIDOS

POR JOHN COLEMAN

La historia de la creación de las Naciones Unidas es un caso clásico de diplomacia del engaño

OMNIA VERITAS
OMNIA VERITAS LTD PRESENTA:
EL CLUB DE ROMA
EL THINK TANK DEL NUEVO ORDEN MUNDIAL
Los numerosos acontecimientos trágicos y explosivos del siglo XX no se produjeron por sí solos, sino que se planificaron según un patrón bien establecido...
POR JOHN COLEMAN
JOHN COLEMAN
EL CLUB DE ROMA
¿Quiénes fueron los planificadores y creadores de estos grandes acontecimientos?

OMNIA VERITAS
OMNIA VERITAS LTD PRESENTA:
JOHN COLEMAN
LA JERARQUÍA DE LOS CONSPIRADORES
HISTORIA DEL COMITÉ DE LOS 300
por John Coleman
Esta conspiración abierta contra Dios y el hombre incluye la esclavización de la mayoría de los humanos...

OMNIA VERITAS
OMNIA VERITAS LTD PRESENTA:
LA DICTADURA del ORDEN MUNDIAL SOCIALISTA
JOHN COLEMAN
LA DICTADURA del ORDEN MUNDIAL SOCIALISTA
Todos estos años, mientras nuestra atención se centraba en los males del comunismo en Moscú, los socialistas de Washington estaban ocupados robando a Estados Unidos...
POR JOHN COLEMAN
"Hay que temer más al enemigo de Washington que al de Moscú"

OMNIA VERITAS LTD PRESENTA:

LA TRILOGÍA WALL$TREET

POR ANTONY SUTTON

"'El profesor Sutton será recordado por su trilogía: *Wall St.* y *la revolución bolchevique*, *Wall St. y FDR*, y *Wall St. y el ascenso de Hitler*.''

Esta trilogía describe la influencia del poder financiero en tres acontecimientos clave de la historia reciente.

OMNIA VERITAS LTD PRESENTE:

COUDENHOVE-KALERGI

IDEALISMO PRÁCTICO
NOBLEZA - TECNOLOGÍA - PACIFISMO

Tanto en las democracias republicanas como en las monárquicas, los hombres de Estado son marionetas y los capitalistas son tiradores de hilos: ellos dictan las directrices de la política.

La estructura social feudal ha sido sustituida por la estructura social plutocrática: ya no es el nacimiento lo que determina la posición social, sino los ingresos. La plutocracia de hoy es más poderosa que la aristocracia de ayer, porque nada está por encima de ella, salvo el Estado, que es su herramienta y su cómplice.

El plan Kalergi para destruir a los pueblos europeos

OMNIA VERITAS LTD PRESENTA:

PANDEMIA ROJA
EL CULTO MARXISTA MUNDIAL

Si existe un libro que vaya directo al núcleo de toda la agitación que vive el mundo en estos momentos, y a lo que debemos hacer para detenerla, es éste.

La cuestión crítica en el mundo de hoy es el adoctrinamiento marxista